SV

Sonderdruck
edition suhrkamp

»Ich möchte in diesem Band meine konfliktträchtige These noch einmal erläutern, wonach in einer demokratischen Gesellschaft Steuern aus Zwangserhebungen in freiwillig erbrachte Bürgerspenden für das Gemeinwesen umgewandelt werden müßten – für eine Anfangszeit zu einem bescheidenen Prozentsatz, später progressiv in höheren Proportionen. Nur eine solche Transformation, behaupte ich, könnte die in Routinen mechanisierter Solidarität erstarrte Gesellschaft reanimieren und einen neuen Hauch von Gemeinwesenbewußtsein in die selbstbezüglich gewordenen Funktionssysteme tragen.«

Peter Sloterdijk, geboren 1947, ist Professor für Ästhetik und Philosophie an der Hochschule für Gestaltung in Karlsruhe und lehrt an der Akademie der Bildenden Künste in Wien. Zuletzt erschienen von ihm im Suhrkamp Verlag *Du mußt dein Leben ändern. Über Anthropotechnik* (st 4210), *Scheintod im Denken. Über Philosophie und Wissenschaft als Übung* (eu 28) und *Zorn und Zeit. Politisch-psychologischer Versuch* (st 3990).

Peter Sloterdijk

Die nehmende Hand und die gebende Seite

Beiträge zu einer Debatte über die demokratische Neubegründung von Steuern

Suhrkamp

edition suhrkamp
Sonderdruck
Erste Auflage 2010
Originalausgabe

Satz: Hümmer GmbH, Waldbüttelbrunn
Druck: Druckhaus Nomos, Sinzheim
Umschlag gestaltet nach einem Konzept
von Willy Fleckhaus: Rolf Staudt
Printed in Germany
ISBN 978-3-518-06141-1

1 2 3 4 5 6 – 15 14 13 12 11 10

Inhalt

Vorwort: Die nehmende Hand und die gebende Seite

Dokumentation

Vorwort: Die nehmende Hand und die gebende Seite

1. Rückblick auf eine verzerrte Diskussion

Das politische Feuilleton unserer Tage lebt davon, daß es in endlos variierten Formulierungen vier Gemeinplätze umwälzt. Erstens: Die Globalisierung unter neoliberaler Regie hat in letzten Jahrzehnten eine neue soziale Frage entstehen lassen, die sich durch das immer stärkere Aufklaffen der Schere zwischen Arm und Reich manifestiert – im globalen Maßstab wie auf nationaler Ebene; während die absolute Armut stellenweise zurückgeht, nimmt die die relative Armut in den wohlhabenden Gesellschaften zu. Zweitens: Die traditionelle Linke, die wesentlich Arbeiter- und Arbeitnehmerbewegung war, ist tot und kehrt doch aufgrund der neuen Gegebenheiten als Interessenorganisation der Prekären und Arbeitslosen wieder – wobei ihre potentielle und reelle Klientel das ärmere Fünftel der reichen Gesellschaften umfaßt – genug für eine Partei wie Die Linke, zu wenig für eine Sozialdemokratie herkömmlichen Stils. Drittens: Die modernen sozialen Systeme – sprich die wohlfahrtsstaatlich organisierten Nationalstaatsgesellschaften der Ersten Welt – haben die Fähigkeit entwickelt, ihre früher so genannten systemsprengenden »Widersprüche« in stimulierende Irritationen umzuwandeln und aus internen Konflikten Anlässe zu systemstabilisierendem »Lernen« zu machen – sehr zur Enttäuschung derer, die ihre Hoffnungen auf die »Revolution«, die »Katastrophe« oder das »Ereignis« setzten. Viertens: In einer Situation wie dieser liegt die Chance des sozialen Protests fast ausschließlich in der Auslösung von Skandalen – daher ist der gute Gebrauch des Skandals eines der Mittel, das utopische Potential der politischen Lebensform Demokratie am Leben zu halten.

Ich möchte mit der hier vorgelegten Dokumentation einiger meiner Äußerungen zur aktuellen Debatte über die neue soziale Frage den Vorschlag machen, diese Gemeinplätze und ihren inneren Zusammenhang anhand eines plötzlich zum Politikum gewordenen Themas zu überprüfen: Tatsächlich hatte ich – und nicht nur beiläufig, sondern mit ernstgemeinten Argumenten – vor einiger Zeit angeregt, eine allmähliche Umwandlung des bestehenden Steuersystems von einem bürokratisierten Ritual der Zwangsabgaben in eine Praxis freiwilliger Bürgerbeiträge zum Gedeihen des Gemeinwesens in Erwägung zu ziehen. Dieser Vorschlag mochte ungewöhnlich klingen, er ergab sich jedoch mit zwingender Konsequenz aus den anthropologischen und moralphilosophischen Überlegungen, denen ich mich seit einer Reihe von Jahren widme: Sie kondensieren sich in der Empfehlung, die überzogene Erotisierung unserer von Aneignungsaffekten dominierten Zivilisation durch eine stärkere Betonung der thymotischen, das heißt stolzhaften und gebenden Regungen auszugleichen.[1] Sollte ein Hauch von Ironie an meinen Thesen zu bemerken gewesen sein, so wäre diese durch eine berufsbedingte Selbstdistanz zu erklären. Ein Autor kann normalerweise ziemlich gut einschätzen, wann er etwas von sich gibt, was aller Wahrscheinlichkeit nach in den Wind gesprochen ist. Zumindest schien es mir so: Ohne den Beweis durch die Tatsachen hätte es niemand, ich selbst zu allerletzt, für möglich gehalten, daß eine Wortmeldung zu dem hierzulande seit Jahrzehnten monoton diskutierten Komplex der unumgänglichen und doch unmöglichen »Steuerreform« überhaupt jemals noch Aufmerksamkeit erregen könnte.

Genau dies jedoch geschah im Anschluß an einen kompakten Essay, den ich am 10. Juni 2009 zu der (aus Anlaß der internationalen Finanzkrise nach dem Crash der Lehman-Bank im September 2008) von der *Frankfurter Allgemeinen Zeitung* lancierten Serie über »Die Zukunft des Kapitalismus« vorgelegt hatte – die Reihe als ganze erschien vor etwa einem halben Jahr als Buch in der edition suhrkamp.[2] Mit einer Verzögerung von wenigen Monaten wurde dieses Papier, das unter dem redaktionellen Titel »Die Revolution der gebenden Hand«[3] erschienen war, von einem aufgebrachten Leser zum Anlaß genommen, zu behaupten, der Verfas-

1 Vgl. Peter Sloterdijk, *Zorn und Zeit. Politisch-psychologischer Versuch*, Frankfurt am Main: Suhrkamp 2006.

2 *Die Zukunft des Kapitalismus*, herausgegeben von Frank Schirrmacher und Thomas Strobl, Berlin: Suhrkamp 2010.

3 Der Essay ist hier als Dokument 6 unter dem ursprünglichen Titel »Kapitalismus und Kleptokratie. Über die Tätigkeit der nehmenden Hand« abgedruckt. Die Redaktion der FAZ hatte sich das Recht vorbehalten, den Essay unter einer von ihr zu verantwortenden Überschrift zu publizieren.

ser habe sich nun für immer aus dem Kreis der zurechnungsfähigen Zeitgenossen verabschiedet. Der Angriff auf meine Thesen erfolgte in einer Ausgabe der *Zeit* im September 2009 unter dem (wohl ebenfalls redaktionellen) Titel »Fataler Tiefsinn aus Karlsruhe«. Er stammte aus der Feder von Axel Honneth, einem Nachfahren der Frankfurter Schule – ich habe darauf halbwegs gelassen, aber nicht ganz ohne Zuspitzungen, mit einer Replik in der *FAZ* geantwortet, in der ich meine Idee noch einmal erläuterte, wonach nur eine Ethik des Gebens die Stagnation der zeitgenössischen politischen Kultur überwinden könnte.

Aus der nun kanalisierten Erregung über meine mit Hilfe der Feuilletonredaktion der *Zeit* effektvoll verzerrten Thesen entwickelten sich mehrere parallele Debatten, die in einigen Tages- und Wochenzeitungen über ein paar Monate am Leben gehalten wurden – teils unter dem Stichwort »Klassenkampf von oben« (was in meinen Augen eine ziemlich eigenwillige Abschweifung vom Thema »Steuerreform aus dem Geist des Gebens« bedeutete), teils in Form von Beiträgen zu einer Standortbestimmung einer aktuellen Linken (was ich noch immer für eine produktive Fragestellung halte, obschon mir, wie vielen Zeitgenossen, nicht entgangen ist, wie wenig die herkömmliche Links-Rechts-Unterscheidung zum Verständnis der heutigen sozialen Verwerfungen beiträgt). Ich hatte von der Bedeutung der Großzügigkeit für die Demokratie sprechen wollen, um den Weg zu einem empathisch umgestimmten Gemeinwesen anzudeuten – die Mehrheit der Kommentatoren jedoch wollte meine Thesen so lesen, als hätte ich unter dem Stichwort »Freiwilligkeit« eine Steuersenkung für die Reichen gefordert. Ich hatte von einer Intensivierung des Gemeinsinns durch die erweiterte Spendentätigkeit gehandelt, meine Kritiker hingegen wollten in diesen Überlegungen gefährliche Lockerungsübungen erkennen, die auf nicht weniger als die Zerstörung des Sozialstaats zielen. Damit die Komik zu ihrem Recht kommt, erwähne ich die von einem fröhlichen Blogger aufgebrachte Idee, ich hätte mich mit meinem Essay um die Mitgliedschaft bei den Freien Demokraten beworben. Wer Geschmack an der Groteske hatte, kam auf seine Kosten durch die von einem Honneth-Leser aufgestellte These, ich wolle zum »antifiskalischen Bürgerkrieg« aufrufen. Wer auf Delirien Lust hatte, fand auch dieses Bedürfnis befriedigt: Unter dem Datum vom 21. Januar 2010 las man in der *Zeit* eine Umdrehung meiner

Thesen, die hohe Erwartungen ans Kabarett aus der Anstalt erfüllte: Ich hätte die *Bettelei* befürwortet, indem ich Überlegungen zur Reform der Fiskalität durch den Einbau freiwilliger Elemente in sie anstellte![4] Solche Kuriosa erwähnt man nur, wenn sie zur Sache selbst gehören: Wer in dem heutigen stark re-ideologisierten intellektuellen Feld der BRD den Versuch unternimmt, eine Programmatik für eine parteilich-überparteilich zukunftweisende Finanz- und Sozialpolitik im 21. Jahrhundert zu definieren, die mit dem Vorschlag verbunden ist, endlich auch die Wohlhabenden zu integrieren und die Gemeinwohlidee nicht mehr bloß durch erzwungene Umverteilung zu sichern, sondern in einer Ethik des Gebens auf breitester Basis zu begründen, muß sich auf Widerstand seitens der Verteidiger jahrhundertealter Klischees gefaßt machen.

Debatten enden hierzulande in der Regel damit, daß das Publikum seine von den Medien permanent umworbene Aufregungsbereitschaft nach kurzer Zeit anderen Themen zur Verfügung stellt. Am Ende siegt regelmäßig die Erschöpfung über das Lernen. Der demokratische Gebrauch der Aufregung bestünde im vorliegenden Fall darin, gewisse Thesen, die, zum Halbsatz verkürzt, provokativ und abwegig erscheinen, in den richtigen Kontext zu stellen und sie in weiterwirkende Anregungen umzuwandeln. Die hier zusammengestellten Dokumente sind als Beiträge des Autors zu einem Diskussionsexperiment zu lesen, das über die Entstellungen und Projektionen hinausführt, wie sie in vielen Artikeln des vergangenen Jahres zutage kamen. Ich möchte meine konfliktträchtige These noch einmal erläutern, wonach in einer demokratischen Gesellschaft Steuern aus Zwangserhebungen in freiwillig erbrachte Bürgerspenden für das Gemeinwesen umgewandelt werden müßten – für eine Anfangszeit zu einem bescheidenen Prozentsatz, später progressiv in höheren Proportionen. Nur eine solche Transformation, behaupte ich, könnte die in Routinen der Staatsverdrossenheit erstarrte Gesellschaft reanimieren und einen neuen Hauch von Gemeinwesenbewußtsein in die selbstbezüglich gewordenen Funktionssysteme tragen. Eine Wiederbelebung dieser Art käme einer Kehre gleich, die unserem entgeisterten politischen Betrieb

4 Jens Jessen, »Jetzt heißt es betteln lernen«, in: *Die Zeit* (21. Januar 2010, S. 44).

eine moralisch anspruchsvolle Alternative zum visionslosen Weitermachen im Gewohnten aufzeigt.
Natürlich wäre es naiv, von einer Neubestimmung der Gemeinwesenfinanzierung all die Effekte zu erwarten, die sich die Wohlmeinenden von einem Konzept wie »soziale Gerechtigkeit« oder gar von der Utopie einer »post-kapitalistischen« Wirtschaftsweise versprechen. Gleichwohl bin ich der Überzeugung, eine tief ansetzende Neuausrichtung der Steuertätigkeit könnte einen wichtigen Schritt in die gute Richtung bewirken. Zu diesem Zweck ist es keineswegs nötig, erneut den »Geist der Utopie« zu beschwören oder hilflose Großbehauptungen wie *un altro mondo è possibile* zu wiederholen. Es sollte genügen, zu zeigen, daß eine andere Idee von Steuern möglich ist – und daß von einer entsprechenden alternativen Praxis weitreichende Impulse zur Revitalisierung des Gemeinwesens ausstrahlen. Über die Chancen für die rasche Akzeptanz meiner Überlegungen machte ich mir von vornherein wenig Illusionen. Auch ich weiß, was systemische Trägheiten sind. So gut wie jeder andere bin ich mit dem Phänomen vertraut, daß eingeschliffene Vorurteile um ihr Überleben kämpfen, und das steuerpolitische Vorurteil hat sieben Leben. Dennoch scheint es mir nötig, die Fragwürdigkeit, mehr noch, die Destruktivität des herrschenden Zwangssteuersystems zu verdeutlichen – von der babylonischen Irrationalität seiner Ausgestaltung in unserem Land ganz zu schweigen.
Ich lege dem Publikum insgesamt ein gutes Dutzend Dokumente aus jüngerer Zeit vor – den eben genannten *FAZ*-Aufsatz und eine Reihe von Interviews und Statements, mehrheitlich aus dem letzten und vorletzten Jahr, in denen ich auf Fragen von Journalisten zum aktuellen Thema und zum Umfeld der weltweiten Finanz- und Moralkrise der Gegenwart antworte. Mir schien es plausibel, einige Gespräche in die Sammlung einzuschließen, die einen weiteren thematischen Fokus aufweisen und auch von anderen Sorgen als von der besseren Begründung der Steuern handeln. Sie führen aufs Feld der allgemeineren Zeitdiagnostik und enthalten Verständigungen über globale Trends. Vor allem zeigen sie, wie das in meinen Büchern des letzten Jahrzehnts stets präsente Motiv einer Psychopolitik der Großzügigkeit von vornherein in den Horizont einer Ethik der Gabe eingebettet ist.

2. Der nehmende Staat

Auf den ersten Blick erscheint im Verhältnis zwischen den Staaten und ihren Gesellschaften nichts so normal wie die Tatsache, daß sich die öffentliche Hand am produktiven wie am konsumtiven »Leben« der Gesellschaft durch alle Arten von Steuererhebung und Abgabenerzwingung »beteiligt«. Der Steuerstaat ist eine Instanz, die praktisch bei allen Geschäften seiner Bürger als nehmende Partei im Spiel ist. Er bildet die Idealbesetzung für die Rolle des unsichtbaren Dritten bei jedem bilateralen Tausch. In Gemeinwesen des in Europa heute dominierenden Typs wird kaum irgendwo ein Tag bezahlter Arbeit geleistet, ohne daß der Fiskus auf seinem Vorrecht besteht, den Ertrag derselben mit einer Steuer zu belasten. Auch der Konsum wird punktgenau erfaßt. Es wird keine Zigarette geraucht, ohne daß der Finanzminister aus dem grauen Dunst seinen Vorteil herausliest, es wird kein Glas Wein getrunken, ohne daß der Fiskus mit angeheitert würde. Es wird von »Menschen unterwegs«, man sagt auch: von Mobilitätskonsumenten in eigenen Fahrzeugen, kein Kilometer zurückgelegt, ohne daß die staatliche Seite dabei das Ihre kräftig geltend macht. Man kann keine Suppe auswärts essen und keine Nacht in einem Hotel verbringen, ohne daß der Fiskus seine Hand auf die Rechnungen legt. In früheren Zeiten nahm der französische Fiskus die Zahl der Fenster an Häusern zum Vorwand, um den Ausblick mit einer Steuer zu belegen, er zählte die Kamine an einem Gebäude, um von ihrer Anzahl die Höhe der Abgabe für das menschliche Wärmebedürfnis abzuleiten. Die preußische Staatsweisheit ersann die Mahl- und Schlachtsteuern (die bis 1873 erhoben wurden), um überall den Fiskus mit zu Tisch zu bitten, wo Bürger Brot und Fleisch verzehrten.

An Begründungen für den Steuerzwang hat es nie gefehlt – von alters her führten die Schatzverwalter jedes nur denkbare Argument ins Feld – vom Willen der Götter bis zur Not des Vaterlandes. Unsere Gewöhnung an die Zumutung, an die immer durchschlagend bewiesenen staatseigenen Wahrheiten zu glauben, reicht bis in alte Schichten unseres Daseins als politische Wesen. Fiskalische Unterwerfungsübungen gehen bis auf frühe Staatsbildungen zurück, und die Resignation der Geber reicht tief, trotz gelegentlicher Rebellionen (»No taxation without representation!«). Auch die gegenwärtigen Zustände fügen sich in das Kontinuum der widerspenstigen Ergebung ins fiskalische Schicksal ein. Schwerlich läßt sich ein Tatbestand des zeitgenössischen Lebens benennen, der so hintergrundwirksam wäre wie die konfuse Überzeugung: daß es dem Staat eben irgendwie zukommt, bei allen Vorgängen unseres ökonomischen und vitalen »Stoffwechsels« auf seine Weise mit im Spiel zu sein – und im Spiel sein, das heißt hier: eine Prämie auf alles nehmen.

Hätte der Gedanke, die Gewährung von Bürgerrechten sei gegen die Erfüllung von Bürgerpflichten aufzurechnen, je einer Illustration bedurft, sie würde durch den Hinweis auf die aktuelle Steuerlast der einzelnen, der Haushalte, der Betriebe und der Körperschaften geliefert. Seit langem wird diese Bürde wie eine natürliche Gegebenheit hingenommen; nur libertäre Querulanten mukken hin und wieder gegen das fiskalische Fatum auf. Damit wir uns recht verstehen: Es steht außer Frage, daß der Staat, der autoritäre wie der freiheitliche, eine hinreichend gefüllte Schatztruhe *braucht*, um seinen Aufgaben nachkommen zu können. Er wird an so vielen Fronten zum Tätigwerden berufen: als Befehlshaber einer Streitmacht, als Bürge für die Sicherheit seiner Schutzbefohlenen im Inneren, als Organisator von Infrastrukturen, als oberster Präfekt des Schulwesens, als Schutzherr des Rechtssystems, als Wächter über die Orthographie sowie als Dienstherr zahlloser sonstiger Ordnungsfunktionen – nicht zuletzt als Garant seines Engagements für die Benachteiligten und Schwachen –, so daß kein Bürger sich der Einsicht entziehen kann, er müsse seine Taschen für den schwer beanspruchten großen Bruder öffnen. Zur Fülle der Aufgaben kommt hinzu, daß der Staat als Kommandeur eines stehenden Heeres eigener Bediensteter auf dem Posten sein muß. Mit gut viereinhalb Millionen Beschäftigten ist der Öffentliche Dienst hierzulande der lebende Beweis dafür, daß der Staat bei der Schaffung von Arbeitsplätzen im eigenen Hoheitsgebiet geradezu kreativ zu werden vermag. Man kann dem heutigen Staat alles mögliche vorwerfen, nur das eine nicht: daß er die Seinen vergäße.[5]

5 Adolf Wagner hat bereits um 1860 die Aufblähung des Öffentliches Dienstes durch den Parallelismus zwischen dem »Gesetz der Ausdehnung der Staatstätigkeit« und dem »Gesetz der wachsenden Ausdehnung des öffentlichen Finanzbedarfs« (»Wagnersches Gesetz«) prophezeit. Selbst dieser hellsich-

Kommen wir zur Sache! Niemand hat je im Ernst geleugnet, daß zu einer geordneten Staatlichkeit ein zuverlässiges Finanzwesen gehöre. Meine Anregungen tasten die gültigen Evidenzen nicht an. Was selbstverständlich ist, soll selbstverständlich bleiben. Wären Steuern, wie manche sagen, nur der natürliche Preis des Glücks, in einem effizienten Staat zu leben, so bräuchte man über ihre weitere Begründung kein Wort zu verlieren – obschon über ihre Höhe zu streiten bliebe.[6] Jedoch: Es gibt es im verborgenen Kern des Selbstverständlichen einen Komplex von Annahmen, die sich bei näherem Zusehen als ein völlig inkohärentes und unplausibles Konstrukt erweisen.

Auf diese schwache Stelle zielt, was ich im Folgenden erläutern will. Wer dort genauere Sondierungen vornehmen möchte, stößt fürs erste auf die Mauer der Tatsächlichkeit: Der aktuelle Staat ist, wie jeder seiner Vorgänger, ein nehmender Staat, der immer eben

tige Gelehrte konnte das Wachstum der Staatsausgaben von 1876 bis heute um das mehr als 50fache eben so wenig vorhersehen wie den Anstieg des Anteils der Staatsausgaben am Volkseinkommen von 12,6% im Jahr 1881 auf 53,3% im Jahr 1994.

6 In der Fachliteratur werden Steuern seitens der herkömmlichen wohlfahrtsökonomischen Besteuerungslehre als »Zwangsabgaben an den öffentlichen Sektor« bestimmt, für welche »das Fehlen eines Anspruchs auf Gegenleistung« charakteristisch ist. Vgl. Ewald Nowotny und Martin Zagler, *Der öffentliche Sektor. Einführung in die Finanzwissenschaft*, 5. neubearbeitete Auflage, Berlin und Heidelberg: Springer 2009, S. 245. Dem widersprechen Vertreter der individualistischen Steuertheorie: »Nur in der Gegenleistung kann die Rechtfertigung einer Steuer liegen.« Aus dieser Sicht sind Steuern Preise für Staatsleistungen. So etwa Charles B. Blankart, *Öffentliche Finanzen in der Demokratie. Eine Einführung in die Finanzwissenschaft*, 6. völlig überarbeitete Auflage, München: Vahlen 2006, S. 4. Gibt man dieser Hypothese Kredit, bleibt die Verlegenheit groß, zu erklären, wieso die gleiche Leistung an manche Bürger umsonst abgegeben wird, während man sie anderen mit Millionen Euro jährlich in Rechnung stellt. Die gängige »Opfertheorie«, nach der diese quantitative Ungleichheit der Steuerleistung durch die formale Gleichheit der Bürger vor der Zumutung eines durch Steuern bewirkten »Wohlfahrtsverlusts« aufgewogen werde, kann die an sie gerichteten Erwartungen nicht erfüllen, da die »Analogie der Opfer« praktisch undurchführbar ist. In Wahrheit drückt sich in der massiven Ungleichheit der faktischen Steuererhebung der politisch motivierte Imperativ der Umverteilung aus. Zu dessen Motivierung vgl. unten S. 21 f.

gerade so viel nimmt, wie er faktisch nimmt. Sollte man ihn jemals mit der Frage konfrontieren, wie er sein nehmendes Benehmen rechtfertigt, so wird man feststellen: Er ist es gewohnt, in Tautologien zu kreisen. Er erhebt Steuern, weil es zum Staatsein gehört, Steuern zu erheben, und er braucht das Geld, weil es keinen Staat gibt, der das Geld nicht braucht. Auf diese abweisende Logik kann der Bürger allein mit Fatalismus antworten. Den vernimmt man in dem Bonmot, das Benjamin Franklin kurz vor seinem Tod einem Briefpartner anvertraute: »Völlig sicher sind auf dieser Welt nur zwei Dinge, man stirbt und man zahlt Steuern.«[7]

Wenn Einmütigkeit darüber besteht, daß sich der Staat rechtens als eine Instanz darstellt, die zu ihrem Funktionieren ausreichende Mittel *braucht*, kann eine tiefer eindringende steuerethische Debatte sich allein an der Frage entzünden, wie dieses Brauchen artikuliert wird und wie es sich vor den Bürgern erläutert. Kein geringerer als Thomas von Aquin hat die Praxis der Besteuerung im 13. Jahrhundert als »legalen Raub« bezeichnet – nach mehr als siebenhundert Jahren wartet man noch immer auf bessere Erklärungen für das Beiwort »legal«. Die Überprüfung hätte darauf zu achten, mit welchen Argumenten die nehmende Staatlichkeit sich vor der gebenden Gesellschaft rechtfertigt; wie sich der Wille zum Nehmen seitens des staatlichen Apparats in der Praxis äußert; und ob für die Bürger demokratischer Gemeinwesen angemessene Spielräume für eigene Stellungnahmen zu den fiskalischen Bedarfsdiktaten bestehen.

Um es kurz zu machen: Die Prüfung fällt ernüchternd aus. Der tautologische Steuerstaat erläutert sich nicht – heute so wenig wie zur Zeit der Feste feiernden und Kriege führenden Fürsten. Angesichts des Schweigens, das der moderne, vorgeblich demokratisch legitimierte (in Wahrheit noch immer in spätabsolutistischen Routinen und hoheitlichen Diktaten fundierte) Steuerstaat über seine Rechtfertigungen wahrt, könnte man in eine traurige Grübelei verfallen: Wäre es möglich, daß wir uns im Gefolge der Französischen Revolution und des seither dominierenden Evolutionsdenkens ein falsches progressives Weltbild vorgegaukelt haben? Könnte es sein, daß Begriffe wie Feudalismus, Absolutismus und De-

7 Das geflügelte Wort wurde von Margaret Mitchell in ihrem Roman *Vom Winde verweht* in den Satz umgewandelt: »Tod, Steuern und Kinderkriegen kommen nie zur gelegenen Zeit.«

mokratie keine so tiefen Einschnitte beschreiben, wie man uns allgemein glauben macht, sondern nur Nuancen in der monotonen Geschichte der nehmenden Hand bezeichnen? Vielleicht sind sämtliche Wandlungen dessen, was man das »Wirtschaftsleben« nennt, nur flüchtige Moden bei der unerschütterlichen Schröpfung der jeweils Ausbeutbaren durch die diensthabenden Mächte? Im Stil des Melancholikers Leopardi möchte man fragen: Wozu all die Aufregung, die man Geschichte nennt, wenn alles zuletzt nur auf den Unterschied zwischen sklavenhaltenden und bürgerhaltenden Staaten hinausläuft?

Wie dem auch sei, es wäre vergeblich, vom aktuellen Fiskus eine rational befriedigende Auskunft über die seinem nehmenden Verhalten zugrundeliegenden Prinzipien zu erwarten. Auch der zahlungsbereiteste Bürger gewinnt heute nirgendwo einen überzeugenden Anhaltspunkt für seinen guten Willen. Der Glaube, der die Einsicht sucht, läuft hier ins Leere. Gewiß, es gibt im Grundgesetz unseres Landes eine kurze Aussage über die Gemeinwohlpflichtigkeit des Eigentums, und man liest von Artikel 104 an einige Sätze, die das Finanzwesen des zu gründenden Staates behandeln. Von diesen lapidaren Artikeln führt kein Weg zu der minoischen Steuerwirklichkeit der Gegenwart. Aus dem deutschen Steuerlabyrinth führt kein Ariadnefaden die Verirrten auf den Weg zum Ausgang. Eine viel bessere Orientierung gewinnt man, wenn man das ungeschriebene Grundgesetz heranzieht, dem unsere Staatsdiener und Steuerprofessoren *realiter* verpflichtet sind. In ihm heißt es in fast unlesbar kleiner Schrift: »Die Resignation des Bürgers ist die Grundlage solider öffentlicher Finanzen. Nur der hinreichend verwirrte Bürger verzichtet darauf, ein vermeintliches Recht auf Transparenz in Anspruch zu nehmen. Nichts schadet dem Finanzwesen eines Staates mehr als das unreife Begehren der Bürger, es *verstehen* zu wollen.« Erst in der Undurchsichtigkeit der Vorgänge kommt der von seinem Nehme-Recht durchdrungene Staat ganz zu sich. In seiner Unverständlichkeit gewinnt er seine wahre Identität. Er spricht darum am liebsten mit sich selbst und begründet sich ausschließlich aus seinem tatsächlichen Betrieb. Indem er sagt, was er braucht, nimmt er auch schon, soviel er will, und indem er zugreift, demonstriert er, was er zu brauchen sich zugebilligt hat. Sollte das aktuelle Aufkommen für sein anschwellendes Brauchen nicht genügen, holt sich der Staat schon

heute das Seine aus der Zukunft, indem er sich bis über den Scheitel verschuldet und so das nächste Jahrhundert bürgerlicher Entmündigung vorbereitet.
Tatsächlich beruht der beunruhigendste Aspekt der gegenwärtigen Finanz- und Wirtschaftskrise, die galoppierende Staatsverschuldung, auf einer weltweit grassierenden radikalen Mißdeutung der Steuern: Etatisten und Fiskalisten aller Länder fassen *de facto* auch die erst in Zukunft zu leistenden Steuern als unumgehbare Schulden der Bürger beim jeweiligen nationalen Fiskus auf und behandeln sie daher so, als ließen sie sich wie positives Staatseigentum im voraus verpfänden. Ihnen allen entgeht der grobe Kategorienfehler, der jedem solchen Fiskalismus innewohnt: Statt die steuerlichen Leistungen der Bürger zugunsten ihres Gemeinwesens als freie Zuwendungen der Gesellschafter an die Staatskasse aufzufassen – was sie dem Stand der Sache nach tatsächlich sind und als welche sie endlich in aller Form begriffen werden sollten –, werden sie als gegebenenfalls vollstreckbare künftige Schulden vorgestellt, die jeder Bezieher von Einkommen und jeder Konsument von Waren und Diensten *a priori* auf sich lädt. Die gefährlichste Perversion der politischen Systeme unserer Tage, die entfesselte Staatsverschuldung, erwächst somit letztlich aus der chronischen Fehlauffassung von Steuern – einer Fehlauffassung, in der massive Relikte vordemokratischen Denkens überleben.
Bei den in sich kreisenden Selbstgesprächen des großen Nehmers kommt die gebende Seite nur insofern vor, als kein noch so starker Zugreifer es sich erlauben kann, von den Grenzen des Zumutbaren völlig zu abstrahieren. Im allgemeinen setzt die nehmende Seite die Steuerduldsamkeit der gebenden als eine eingespielte Prämisse im Habitus einer gegebenen Population einfach voraus. Daß solche Duldsamkeit keine Naturkonstante ist, sondern ein historisch gewachsenes Produkt aus Zwang, Gewöhnung, partieller Einsicht und überwiegender Resignation darstellt, kann durch historische Studien im Detail belegt werden. Den relativ jungen Hintergrund der heutigen Duldsamkeit für chronisch hohe Belastungen deute ich an einer Stelle meines *FAZ*-Essays mit dem Hinweis an, Queen Victoria habe sich bei der Einführung einer Einkommensteuer in Höhe von 3,33 Prozent in Großbritannien um 1850 sorgenvoll gefragt, ob man damit nicht zu weit gegangen sei. Bei der Nahme von Gütern, die in den Fiskus neuzeitlicher Staats-

wesen fließen können, sind prinzipiell vier verschiedene Modi der Aneignung und ebenso viele Optionen zur Begründung des Nehmens seitens der staatlichen Agenturen in Ansatz zu bringen. Sind diese explizit benannt, kann man sich ein Urteil darüber bilden, welche von ihnen für ein demokratisches Gemeinwesen akzeptabel sind.

An erster Stelle sind die »Plünderungen« in kriegerisch-beutemacherischer Tradition zu nennen. Sie bilden den ersten Modus der Staatsbereicherung, der sich seit den ersten Reichsbildungen in der frühen Antike über Jahrtausende hinweg bei den fürstlichen Kassenverwaltern großer Beliebtheit erfreute und auch für die Gründungsphasen frühmoderner Staatswesen charakteristisch blieb. Bekanntlich hatten die Bürger Roms sich über Jahrhunderte an Steuerbefreiungen gewöhnt, weil die erfolgreiche Plünderungspolitik an den Außengrenzen des expandierenden Reichs Abgaben im Inneren weithin überflüssig machte; erst unter Augustus mußten die nicht mehr ausreichenden Ausbeutungen der Peripherie durch interne Steuern ergänzt werden. Die Beliebtheit Napoleons bei den Franzosen war nicht zuletzt durch die Tatsache bedingt, daß er seine Feldzüge überwiegend durch Kontributionen der Besiegten finanzierte. Die Wirksamkeit des Plünderungsverfahrens zur Füllung von Staatskassen läßt sich bis ins 20. Jahrhundert verfolgen. Seine Popularität erreichte noch in einem »volksgemeinschaftlich« integrierten Sozialstaat wie dem NS-Regime Spitzenwerte. Götz Aly hat dies in seiner Untersuchung über *Hitlers Volksstaat* gezeigt: Für Überfälle auf das Vermögen wohlhabender Juden wie für die Enteignung der ärmeren jüdischen Mitbürger waren die große Mehrheit der Deutschen noch in den dreißiger und vierziger Jahren des 20. Jahrhunderts leicht zu gewinnen; eine Prise Sozialismus, eine Prise Rassismus, schon setzte sich der Plünderungsfiskus auch auf der Höhe der Moderne unwiderstehlich in Bewegung.[8] Offensichtlich ist das archaische Schema »Beute-Erwartung« in modernen Kampfkommunen ebenso wirksam wie in archaischen Kriegergesellschaften. Die Legitimierung erfolgt hier in der Regel unter Berufung auf die kulturelle oder rassische Überlegenheit der nehmenden Seite.

8 Vgl. Götz Aly, *Hitlers Volksstaat. Raub, Rassenkrieg und nationaler Sozialismus*, Frankfurt am Main: S. Fischer 2005.

Daß Formen der Bereicherung dieses Typs für die Bedarfsregelung von demokratischen Gemeinwesen indiskutabel sind, bedarf keiner näheren Erläuterung. In Rechtsstaaten müssen externe Plünderungen durchwegs durch legitime interne Einkünfte ersetzt werden – diese können naturgemäß nur von der eigenen Steuerpopulation stammen. Infolgedessen stellt sich die heikle Frage, bis zu welcher Grenze interne Steuern dem allgemeinen Rechtsempfinden entsprechen und von welchem Niveau an sie als Fortsetzung der externen Plünderung mit administrativen Mitteln gelten müssen. Für sich genommen bedeuten die Progressivsteuern eine der bedeutsamsten moralischen Errungenschaften der Neuzeit.[9] Friedrich der Große meinte, wer 100 Taler jährlich habe, solle davon zwei willig dem Fiskus überlassen; wer aber 1000 einnehme, könne davon 100 leicht entbehren. Dem preußischen König schwebte eine politisch-sittlich zu rechtfertigende Progression von bis zu zehn Prozent vor, um die Belastbarkeit der Stärkeren maßvoll auszuschöpfen – in der Praxis soll er sich zur Finanzierung seiner Feldzüge höhere Zugriffe gestattet haben. In der Ära des New Deal hielten amerikanische und britische Politiker Progressivsteuern von bis zu 90 % für vertretbar – was heute selbst von der Linken à la Lafontaine als sittenwidrig empfunden würde. Die aktuelle Sensibilität hält Spitzenwerte bis 50 % für nachvollziehbar – was für eine psychohistorisch bemerkenswerte, ja moralgeschichtlich vorbildlose Mentalitätsentwicklung spricht.[10] Gewiß ist jedenfalls: Im Streit um die Grenze von Höchststeuersätzen lebt das von Thomas formulierte Paradoxon über den »legalen Raub« weiter.

Der zweite Modus der Beschaffung und Begründung von Staatseinnahmen ergibt sich aus der autoritär-absolutistischen Tradition der »Auflagen« (*impôts*). Auf sie geht der größte Teil der aktuellen

9 In der BRD wird die Progressivsteuer durch ein Urteil des Bundesgerichtshofs als Verfassungsgebot ausgelegt (weswegen die von Paul Kirchhof 2005 vorgeschlagene »Flat Tax« zu einem gravierenden Verfassungskonflikt geführt hätte).

10 Ein solcher Grenzwert wäre naturgemäß auf wirkliche Spitzenverdiener zu beschränken, um die ungerechten Effekte der kalten Progression auszuschalten. Indessen haben Autoren wie Paul Kirchhof vorgerechnet, daß schon ein maßvoller einheitlicher Steuersatz von 25 % (nach Auflösung aller Privilegien, Subventionen und Sondertatbestände) für die Erstellung solider öffentlicher Haushalte ausreichend wäre.

Steuerkultur zurück. Tatsächlich erwuchs das weitverzweigte Universum der bürokratischen Fiskalität von gestern und heute aus dem Gedanken der dem Staat zukommenden »Abgaben« auf alle Arten von Einkommen, Vermögen, Waren und Diensten. Bekanntlich hatte die Fiskalität des absolutistischen Staats das Bürgertum und die ärmeren Schichten der Bevölkerung gewohnheitsmäßig stark zur Kasse gebeten, indessen die Vermögen von Adel und Klerus über lange Zeit kaum angetastet wurden. Für die Moderne ist charakteristisch, daß die Wohlhabenden *in puncto* Steueraktivität an die Spitze rückten.[11] Was die Legitimierung der Steuern und »Auflagen« im älteren fiskalischen Regime anging, fand man sie umstandslos in einem aufgeklärten Paternalismus: Der schützend-vorsorgende Vater Staat brauchte keine Scheu an den Tag zu legen, wenn es galt, den Bürgern die Wohltaten der autoritär gewährten Ordnung in Rechnung zu stellen. Wenn alle Bürger Söhne sind, die dem vorausblickenden Vater Dank und Gehorsam schulden, ist kein weiteres Wort über Rechtfertigung oder Gegenleistung zu verlieren. Immerhin entstanden hier die Anfänge einer transaktionalen Deutung des fiskalischen Geschehens: Demnach wären Steuern, obschon zunächst ohne Debatte festgesetzt, der gerechte Preis des Lebens in geordneten Verhältnissen.

Um die Prozeduren der zeitgenössischen Fiskalität zu würdigen, ist daran zu erinnern, daß sie noch immer in direkter Kontinuität aus den absolutistischen Traditionen hervorgehen. Ein solches System bleibt darum für eine demokratische Gesellschaftsordnung inakzeptabel, da auch heute noch die materiellen Beziehungen zwischen Staat und Bürger fast ausschließlich einseitig von oben her gestaltet werden. Sollte es je zu einer demokratischen Metamorphose kommen, müßte der Fiskus seine Zugriffe auf Bürgervermögen den veränderten Verhältnissen in Theorie und Praxis anpassen. Erkennen würde man dies daran, daß die faktisch gebende Seite auch rechtens als gebende verstanden würde, und nicht bloß als schuldende. Folglich müßte die gebende Partei in allen Phasen des fiskalischen Prozesses, von der Vereinnahmung bis zur Verausgabung, auf angemessene Weise involviert werden – weit über die heutigen Üblichkeiten der »Haushaltspolitik« hinaus. Von einem solchen Schritt in die steuerpolitische Moderne kann heute nir-

11 Vgl. unten S. 36.

gendwo die Rede sein. Auch wenn das Urteil hart klingt: Das fiskalische Mittelalter ist nicht zu Ende. Viel spricht dafür, daß das Fiskalsystem vor unseren Augen direkt aus dem Absolutismus ins postdemokratische Zeitalter übergehen wird, ohne dazwischen eine demokratische Phase gekannt zu haben.

Das dritte Verfahren zur Beschaffung und Begründung von Steuern im modernen Gemeinwesen stützt sich auf das Motiv der »Gegenenteignung«, das bis in jüngere Zeit für ein gut Teil der sozialistischen und linksradikalen Auffassungen von der Rolle des Fiskus in der kapitalistischen Gesellschaft prägend war. Der Vorstellung der »Gegenenteignung« liegt die bekannte Devise von der »Expropriation der Expropriateure« zugrunde, mit welcher die Linke des 19. Jahrhunderts bis weit ins bürgerliche Lager hinein Sympathien erwarb. Für sie galt jeder bürgerliche Reichtum als Resultat einer »Ausbeutung der Werktätigen«. Wenn wirklich, wie Proudhon unter dem Beifall des jungen Marx behauptet hatte, Eigentum Diebstahl ist, kann nur ein gut dosierter Gegendiebstahl das Mittel zur Behebung des Übels sein. Das politische Organon des Gegendiebstahls ist naturgemäß der Fiskus, sobald er in die Hand einer griffsicheren Sozialstaatspolitik gerät (vorausgesetzt, man votiert nicht mit den Bolschewisten geradewegs für Gesamtenteignung). Die Legitimierung kraftvoller Zugriffe auf Einkommen und Vermögen der Bürger erfolgt hier durch den Imperativ der Umverteilung. Diese soll nicht nur der inneren Befriedung moderner Gesellschaften dienen; sie will darüber hinaus als fiskalischer Ausdruck des Prinzips »soziale Gerechtigkeit« verstanden werden. Der Begriff »Gerechtigkeit« verleugnet seinen sozialmystischen Ursprung nicht: Da an der Erzeugung des Reichtums vorgeblich alle Gesellschaftsgenossen direkt und indirekt mitwirken, wäre nicht einzusehen, warum der »kollektiven Erzeugung« des Reichtums seine »private Aneignung« gegenübersteht. Aus dieser Sicht stellt die Gesellschaft im ganzen den einzigen wirklichen Unternehmer dar. Wo nur die Gesellschaft unternimmt, darf nur die Gesellschaft Gewinne verteilen.

Die argumentative und moralische Basis dieses Modells ist seit jeher brüchig, da sie von der mehr suggestiven als sachgerechten Hypothese der Ausbeutung der Werktätigen durch ihre Arbeitgeber abhängt. Weist man für die Gegenwart das vergilbte Dogma der Expropriation der Werktätigen durch die Arbeitgeberseite zurück, ist der gängigen Steuerbegründung sozialistischen Stils der Boden entzogen. Der Mythos vom Diebstahl der Reichen an den Armen und vom moralisch legitimen Gegendiebstahl des sozial engagierten Staats zugunsten der Benachteiligten hält in unseren Breiten und unter heutigen Umständen der Überprüfung nicht stand (falls er je dazu taugte, das angeblich systembestimmende Verhältnis von Kapital und Arbeit zu deuten[12]). Als Grundlage für eine steuerethisch reflektierte Rechtfertigung des staatlichen Teilnehmens an den ökonomischen Erfolgen der Gesellschaft kommt diese Erklärung nicht länger in Betracht, so tief sie auch in unser »sozialistisches Unbewußtes« eingegraben ist und so verbissen manche Bewohner des linken Antiquariats versuchen, sie zu verteidigen.

Der vierte Weg zur Beschaffung und Begründung von Einnahmen der öffentlichen Hand wird durch die Tätigkeit von Spendern und Stiftern in philanthropischer Tradition eröffnet. Die moderne Philanthropie fließt aus der christlichen, humanistischen, solidaristischen und volksmoralischen Überzeugung, daß es den Habenden gut ansteht, den Nicht-Habenden und den Organisationen ihrer Helfer – bis hinauf zur Staatskasse – einen angemessenen, also nicht unbedeutenden Teil ihrer Überschüsse abzutreten: sei es aufgrund des Solidaritätsgefühls, das Erfolgreiche an den Schicksalen der weniger Glücklichen Anteil nehmen läßt, sei es aufgrund des schlechten Gewissens, das oft als moralischer Schatten auf das Leben der Bevorzugten fällt. Im übrigen können Spenden als Friedensprämie für eine von Ungleichheitskonflikten bedrohte Gesellschaft begriffen werden. Schließlich werden Spenden auch als reguläre Beiträge zu allgemein anerkannten Gemeinschaftsaufgaben geleistet. Die Genugtuung des Gebers über seine anteilnehmende Gesinnung wird üblicherweise als der natürliche Preis der Großzügigkeit angesehen. Ein Legitimitätsproblem bei der Annahme von Spenden durch die öffentliche Hand tritt zunächst nicht auf – allenfalls in der Weise, daß der Staat sich gegen Manipulationen durch große Geber immunisieren muß. Viel eher stellt sich die

12 Angeblich deswegen, weil in der modernen Eigentumswirtschaft, die man konventionell und oft irreführend »Kapitalismus« nennt, die wirkliche Primärrelation, die das Wirtschaftsleben dynamisiert, nicht der symbiotische Antagonismus von Kapital und Arbeit ist, sondern der von Gläubigern und Schuldnern.

Frage, was seitens des Empfängers getan werden sollte, um solches Verhalten als ein allgemein nachahmenswertes Muster privater Generosität in öffentlicher Perspektive zu popularisieren.
Blickt man auf diese Liste, die alle wesentlichen Modi der Staatsbereicherung erfaßt (Gebühren, Zölle, Geldstrafen und Gewinne aus der Bewirtschaftung staatseigener Vermögen ausgenommen), ergibt sich eine unmittelbare Evidenz: Das aktuelle Fiskalsystem läßt sich nur als ein Amalgam aus dem zweiten und dritten Modus der Steuerrechtfertigung verstehen. Bei dieser Betrachtung springt die profunde innere Widersprüchlichkeit dieses Konstrukts ins Auge: Zur einen Hälfte ist es nach wie vor autoritär-obrigkeitlich bestimmt und in der Auflagen-Praxis vordemokratischer Staatswesen verankert – was sich nicht zuletzt in der Kontinuität der Finanzverwaltungen vom Spätabsolutismus bis ins beginnende 21. Jahrhundert zeigt. In seiner anderen Hälfte stützt es sich weiterhin auf die Gegenenteignungslogik des sozialistischen Umverteilungsdenkens, das es irgendwie geschafft hat, sich mit den Versprechen der sozialen Marktwirtschaft zu verbinden – was nicht allzusehr verwundert, wenn man zur Kenntnis nimmt, daß »soziale Marktwirtschaft« von Anfang an ein Deckname war für den mischwirtschaftlichen Semi-Sozialismus der Ära nach dem Zweiten Weltkrieg unter christlich-konservativer Bemäntelung. Bei ihrer Fusion erzeugen die beiden Komplexe einen Block, der für die gebende Seite keine andere Option als die Unterwerfung übrig läßt. Die Widersprüchlichkeit zwischen der spät-absolutistischen und der semi-sozialistischen Steuermotivierung wird durch den Umstand verdeckt, daß beide dank ihrer gemeinsamen demokratiefernen Vision von der Rolle der Staatlichkeit aufeinander zugehen können. *De facto* kommen sie sich bis zur Verwechselbarkeit der Standpunkte nahe: Hier die alt-etatistische Konzeption des Staats als einer wohltätigen Ordnungsmacht, die sich selbst Autorität zubilligt, indem sie vorgibt, von oben eingesetzt zu sein; dort die neu-etatistische Konzeption des Staats als einer moralisch autorisierten Agentur der umfassenden sozialen Fürsorge. In psychopolitischen Ausdrücken gesprochen: Der paternalistische Staat von einst und der maternalistische Staat von heute verstehen sich blind und ergänzen sich zu einer unwiderstehlichen Bevormundungs- und Betreuungsmaschine.
Was man im aktuellen Zustand durchweg vermißt, ist die Bemü-

hung um eine Neubegründung der fiskalischen Transaktionen zwischen der gebenden Gesellschaft und dem nehmenden Fiskus aus dem Geist der demokratischen Bürger-Allianz. Als fehlende Größe kommt dies zu Bewußtsein, wenn man, durch einen beliebigen Grund aus dem steuerdogmatischen Schlummer erwacht, sich der Mühe unterzieht, den Block der Selbstverständlichkeiten, auf dem die aktuelle Fiskalität beruht, hinsichtlich seiner Grundlagen und Rechtfertigungen zu befragen. Wer sich auf eine solche Untersuchung einläßt, wird mit zunehmendem Erstaunen bemerken, daß es im aktuellen Betrieb nicht die geringsten Ansätze zu einer Neudeutung des Systems öffentlicher Finanzen von der Geberfunktion der Zivilgesellschaft her gibt. Sobald von Steuern die Rede ist, geht man auch heute so gut wie immer ohne weiteres Nachdenken einseitig vom Bedarf des Staates aus und setzt dessen Nehmer-Berechtigung dogmatisch voraus.[13] Im Steuersystem der modernen Staaten (einige Kantone der Schweizer Urdemokratie vielleicht ausgenommen) überlebt unbemerkt der Absolutismus. Vom Ohr der Steuerbehörden ist der Satz, wonach alle Gewalt vom Volke ausgehe, nie gehört worden. Die okkulte Wahrheit des herrschenden Finanzsystems lautet vielmehr: Alle Gewalt geht vom Fiskus aus. Weil souverän ist, wer über die Zwangsvollstrekkung entscheidet – also über den Ernstfall der Steuerschuld gegenüber dem Staat –, ist der Fiskus der wahre Souverän der modernen Gesellschaft.[14]

13 Sei es, indem man die Staatsleistungen als Güter definiert, die via Steuerbescheid »in Rechnung gestellt werden«, sei es, indem man die Steuerpopulation insgesamt als ein Opferkollektiv auffaßt, das nach dem Grundsatz der relativen Opfergleichheit zu belasten sei (mit der paradoxen Nebenwirkung, daß der Empfang von Transferleistungen, die ganz im Verbrauch aufgehen, als enormes Opfer an Wohlfahrtsverlust dargestellt wird, das Einzahlen von Millionen Euro jährlich in den Fiskus hingegen als geringeres Opfer erschiene, da dem reichen Zahler auch bei Abgaben in solcher Höhe kein fühlbarer Wohlfahrtsverlust zugefügt wird).

14 Ernst Kantorowicz hat in dem Kapitel »Christus – Fiscus« seiner klassischen Studie zur politischen Theologie des Mittelalters *Die zwei Körper des Königs* (zuerst Princeton 1957, Stuttgart: Klett-Cotta 1992, S. 179-207) die Bedeutsamkeit der Fiscus-Idee für das Konzept des unsterblichen Königskörpers hervorgehoben. Weil der Fiskus (hier im mittelalterlichen Sinn des Worts) beim Tod des Königs fortbesteht, hat die Kontinuität der Königsfunktion ein Fundament in der Sache: Ubi fiscus, ibi imperium.

Begriffe wie »Volkssouveränität« oder »Bürgermacht« sind in diese Sphäre bisher nicht eingedrungen. Sogar die Idee einer nachträglichen Kontrolle des Fiskus durch den Bürger steht nach wie vor auf schwachen Füßen. Gewiß, wir schätzen den *Bund der Steuerzahler*, der sich immense Verdienste erwirbt, indem er Jahr für Jahr den staatlichen Organen bei ihren Verausgabungen auf die Hände schaut – nicht ohne sie oft genug als Narrenhände zu entlarven, die mit öffentlichem Geld, das seinen Verwendern reines Niemandsgeld zu sein scheint, verschwenderisch umgehen.[15] Lobenswert ist ebenso die Tätigkeit der Rechnungshöfe im Bund und in den Ländern, die das Ihre dazu beitragen, Behördentollheiten und Beamtenherrlichkeit auf bürgerliche Maßstäbe zu reduzieren. Bedauerlicherweise stehen dem Bund der Steuerzahler und den Rechnungshöfen kein »Bund der Spender für den Staat« und keine »Parlamente der Geber« zur Seite. Diese virtuellen Organe müßten sich für die Tätigkeiten der Staatshand von der Seite jener »Einnahmen« her interessieren, die in Wahrheit als solche noch immer nicht begriffene Gaben der Bürger an den Staat darstellen, mögen sie auch von den zuständigen Experten hartnäckig als Schulden des Bürgers beim Fiskus gedeutet werden. Solchen Einrichtungen fiele die psychopolitisch entscheidende Rolle zu, das Steuerzahlen zu de-automatisieren und aus dem Bereich der stummen Erduldungen herauszuführen. Ihr Ziel wäre es, das große Einzahlen in die Staatskasse als das explizit zu machen, was es in einer demokratischen Gesellschaft *de facto* immer schon ist und

»Die Person des Herrn mag also wechseln, der Fiskus ist doch immer derselbe« (ibid., S. 195).
Auch in der Moderne besteht zwischen der faktischen, obschon nie deklarierten Souveränität des Fiskus und dem Budgetrecht der Parlamente ein enger Zusammenhang, der durch eine gezielte Verkürzung der Bürgerrechte geschützt wird: In den Bundesländerverfassungen der BRD sind Volksbegehren und Volksentscheide unzulässig, sobald diese Auswirkungen auf den Haushalt haben. Das heißt: Die demokratischen Verfassungen wachen über die Entmündigung der Bürger in Fragen der öffentlichen Finanzen.

15 Nach Angaben des Bundes der Steuerzahler beträgt die Summe der verschwendeten öffentlichen Gelder in Deutschland nicht weniger als 30 Milliarden Euro pro Jahr, was rund einem Zehntel des Bundeshaushalts entspricht.

als was es zu guter Letzt auch rechtens und *coram publico* begriffen werden sollte: nicht länger ein Tribut von Unterworfenen an eine immer siegreiche Obrigkeit, auch nicht eine einseitig festgesetzte, mit nebulösen Rechtsformeln statuierte Schuld der Steueruntertanen gegenüber dem Leviathan, sondern eine von Einsicht und Beitragswillen getragene aktive Gebe-Leistung zugunsten des Gemeinwesens. Von dem legendären US-amerikanischen Verfassungsrichter Oliver Wendell Holmes jr. (1841-1935) ist der Ausspruch überliefert: »Taxes are what we pay for civilized society«. Nichts spricht dagegen, die These so zu verstehen, daß das Zahlen für die zivilisierten Zustände seinerseits der Zivilisierung bedarf. Diese wäre erreicht, sobald die Steuer sich dem Pol der Einsicht und der Freiwilligkeit nähert.
Die De-Automatisierung der fiskalischen Abläufe würde die Zurückdrängung des zweiten und dritten Modus von Steuermotivierung nach sich ziehen und unvermeidlich den vierten Modus stärken. Nur sie würde aus dem fiskalischen Mittelalter herausführen, in dem wir in quasi ungebrochener Kontinuität leben. Allein sie könnte das mental ebenfalls »mittelalterliche« Phänomen der Steuerflucht eindämmen, das ja nichts anderes besagt, als daß zahlreiche Wohlhabende sich noch immer für Adlige halten, die nicht einsehen, warum ausgerechnet sie für das Gemeinwesen etwas erübrigen sollten – über die Wohltat ihrer bloßen Gegenwart hinaus.[16] Die großen Steuerhinterzieher und Steuerflüchtlinge bringen durch ihr Verhalten zum Ausdruck, daß sie nicht verstanden haben, auf welcher Geschäftsgrundlage sie dem nationalen Gemeinwesen sechs-, sieben- oder achtstellige Euro-Beträge »schulden« könnten. Hier böte sich die Gelegenheit, den subtilen Unterschied zwischen einer »Schuld« und einer »imperativen Leistungserwar-

16 Die im Januar und Februar 2010 bekanntgewordenen Vorgänge um den illegalen Handel deutscher Behörden mit gestohlenen Daten über Steuerflüchtlinge und ihre ausländischen Konten lassen erkennen, wie sich ein strukturell absolutistischer Fiskus mit einer mental mittelalterlich gebliebenen Kaste von Besitzenden konfrontiert sieht. Eine alternative Deutung der Steuerhinterziehung bietet Charles B. Blankart (vgl. Fußnote 6), a. a. O., S. 249-252, indem er sie als eine rationale Variable des bürgerlichen »Abwehrverhaltens vor dem Leviathan« beschreibt – womit der Umkreis eines absolutistisch geprägten Verhältnisses zwischen Staat und Staatsbürger nicht verlassen wird.

tung« zu diskutieren. Intuitiv ist evident, daß Wohlhabende bei ihren Stärken angesprochen werden dürfen, wenn es um die Beschaffung von Mitteln für Gemeinwesenaufgaben geht. Von einer moralischen Intuition bis zur Festsetzung einer vollstreckbaren Schuld ist es jedoch ein weiter Weg.

Von der Geste des Spendens läßt sich ohne großen Aufwand zeigen, daß sie die einzige Form von Zuwendungen an den Staat ist, die einer sich selbst ernst nehmenden Bürgergesellschaft zu Gesicht steht. Nur sie könnte dem entwürdigenden System der Zwangsabschöpfungen ein Ende machen. Zugleich wäre sie die einzige Weise der Mittelausstattung des Staats durch seine Bürger, die sich bei ihrer Begründung nicht in selbstsabotierende Inkonsequenzen und demoralisierende Widersprüche verstrickt. Allein wenn die Zuwendungen der Bürger an den Staat – und zwar aller Bürger, die etwas zu erübrigen haben – Gaben mit Freiheitscharakter und nicht Schulden mit Zwangscharakter bedeuten, lassen sich die Absurditäten und Inkonsequenzen ausräumen, die sofort auftreten, wenn man, wie gegenwärtig üblich, Steuern entweder als Preise für Staatsleistungen bestimmt oder als analoge Wohlfahrtsopfer auffaßt.

Dieser Neudeutung des fiskalischen Geschehens wird sich nur widersetzen, wer von vornherein auf eine stichhaltige Steuerbegründung verzichtet. Einen solchen Verzicht leistet ohne Skrupel, wer offen für die vorgeblich gutartige Despotie des leviathanischen Wohlfahrtsstaats eintritt, erst recht, wer in der paranoischen Tradition des Marxismus die rechtsstaatlichen Verfassungen als bloße freiheitlich getarnte Herrschaftsapparate der kapitalbesitzenden »Klasse« zu durchschauen meint. Im letzteren Fall wäre es nur konsequent, sich ganz auf die Intensivierung des dritten Modus von Steuerbegründung zu konzentrieren und bedingungslos auf die Karte »Enteignung der Enteigner« zu setzen. Dann und nur dann dürfte sich der Steuerstaat darauf beschränken, als Agentur zur Rück-Erbeutung von vorgeblich durch die Besserverdienenden entwendetem »Volkseigentum« zu fungieren. Je lauter die Bürger in einem solchen Staatswesen über hohe Lasten klagten, desto sicherer dürften die Umverteiler sich fühlen, auf dem richtigen Weg zu sein.

Neigt man hingegen zu der Auffassung, der demokratische Rechtsstaat sei eine politisch-ethische Struktur eigenen Werts und keineswegs bloß eine Maske von »Kapitalherrschaft«, sollte man die populären Phantasien über den Gegendiebstahl des Staats an den räuberischen »Reichen« aufgeben. In diesem Fall führt kein Weg mehr daran vorbei, sich über die Möglichkeiten einer Ausweitung des vierten Modus von Geben und Nehmen im Verkehr zwischen Staat und Gesellschaft Gedanken zu machen. Die erste Pflicht der Finanzminister wäre es dann, ihr Ressort als Seminar für Geber-Bildung zu führen. Demokratie würde synonym mit einer Schule der Großzügigkeit – und solange nicht der Wille zum Beitragen das primäre Merkmal dieser Gesellschaftsform wäre, sollte von Demokratie nur mit Vorbehalt die Rede sein. Jacques Derrida hat nicht umsonst von der Demokratie als einer politischen Lebensform gesprochen, die nur als »im Kommen« vorgestellt werden darf. Demokratie ist nicht der Name einer vorhandenen politischen Ordnung, sondern eine Richtungsangabe, die einer technisch und ethisch dynamisierten Gesellschaft das Ziel ihrer ständigen endogenen Verwandlung benennt. Diese Lebensform kann nur bestehen, solange sie ihre eigene Visionsquelle ist und die Korrektive ihrer Zustände aus sich selbst hervorbringt. Wenn sich jedoch in einer Gesellschaft, wie es heute in unserem Land der Fall ist, ein dumpfes Gefühl von Aussichtslosigkeit, ja von Gefangenschaft unter entgeisterten Routinen breitmacht (einigen vielversprechenden Aufbruchsbewegungen zum Trotz), beweist dies nichts anderes, als daß die Bürger schon allzulange einer demoralisierenden Mechanik ausgesetzt sind.

In einer Demokratie, die ihren eigenen Tendenzen zu Trägheit und Mechanisierung widersteht, würde das Geben für überpersönliche Zwecke mit der Zeit aufhören, nur als eine moralische Privatlaune zu gelten, die manche haben und andere eben nicht. Die Spender-Geste würde in einer vom Geist der Gabe umgestimmten Gesellschaft nach und nach selbstverständlich genug werden, um einen großen Teil dessen aufzubringen, was ein zeitgenössisches öffentliches Finanzwesen zu seiner Konsolidierung braucht. Das Spenden fürs Gemeinwohl könnte sich so mit der Zeit in einen konsolidierten psychopolitischen Habitus verwandeln, der die demokratischen Populationen wie eine zweite Natur durchdringt und eine globale Umstimmung der Gemeinwesen in Richtung auf Empathie und materialisierte Solidarität bewirkt. Der neu heranwachsende geberkulturelle Habitus könnte nach und nach die Kräfte freisetzen, die nötig wären, um die unwürdigen Relikte der spätabsolutistischen Staatskleptokratie und deren Fortsetzung in der tief eingewurzelten Gegenenteignungslogik der klassischen Linken zu überwinden.[17]

Wahrscheinlich würden heute schon sehr bescheidene Kompromißmodelle dramatische Veränderungen am gebenden Verhalten der Bürger hervorrufen. Kleine Änderungen des Steuerrechts könnten den moralischen Tonus des Gemeinwesens entscheidend modifizieren: Sobald man den Bürgern die Freiheit einräumte, einen Teil ihrer bisherigen Steuerlast, und wären es anfangs nur wenige Prozent der fiskalischen »Schuld«, als frei adressierbare Gabe aufzubringen, würden sie aller psychologischen Wahrscheinlichkeit zufolge aus ihrer Steuerduldungsstarre erwachen – um nicht zu reden von den schäbigen Steuervermeidungsreflexen, um die unser ganzes, durch falsche Anreize pervertiertes System der öffentlichen Finanzen konstruiert ist. Dieser Effekt darf nicht mit der schon heute zugelassenen »Absetzung« von Spenden bei der Steuererklärung verwechselt werden: Ein neuartiges generalisiertes Spendensegment in der Pflichtsteuer würde zum Ausdruck bringen, daß das Spenden keine private Laune von hochmotivierten Einzelnen darstellt. Es würde zu einem allen Steueraktiven garantierten Recht, gewisse Beträge aus ihrem fiskalischen Pensum an gemeinwohlrelevante Instanzen ihrer Wahl zu adressieren. Um es noch einmal zu sagen: Es geht nicht um Steuersenkungen für geizige Wohlhabende, die dem Gemeinwohl den Rücken gekehrt haben, sondern um die ethische Intensivierung und Verlebendigung von Steuern als Gaben des Bürgers an das Gemeinwesen. Ohne Zweifel würde dies an erster Stelle dem Bildungswesen zugutekommen, zu dessen Priorität sich Politiker aller Parteien an Sonntagen gern bekennen – um es an Werktagen mit seinen chronischen Defiziten allein zu lassen. Die zum gezielten Geben befreiten Bürger würden die nötigen Investitionen in die Bildung als der Zukunftsgarantin des Gemeinwesens auf keinen Fall versäumen.

17 Dabei träten naturgemäß Freifahrerphänomene auf, von denen aber nicht abzusehen ist, ob sie in der Summe gravierender gerieten als die heute auf breiter Front praktizierten Modi des individuellen Entweichens vor dem Steuerstaat: der legale Modus der Steuervermeidung durch Arbeitsunterlassung und die drei illegalen Modi Steuerhinterziehung, Steuerflucht und Abwanderung in die Schattenwirtschaft.

Was die psychopolitischen Wirkungen einer solchen anscheinend bloß semantischen Änderung des Steuerbegriffs angeht, wären sie kaum zu überschätzen. Zahllose Bürger würden die Schönheit des Gebens neu für sich entdecken – in der direkten Zuwendung zu den Bildungsaufgaben ebenso wie zu vielen anderen ihrem Verständnis nach einleuchtenden Motiven wie dem Umweltschutz, der medizinischen Forschung, der Stadtentwicklung, dem Tierschutz und einer Vielzahl anderer Engagements. Nach einer langen Ära erzwungener Passivität würden die endlich als Geber anerkannten wirklichen Finanzierer des Gemeinwesens wieder erfahren, was lebendiges Verantwortlichsein für innerlich mit vollzogene, durch eigene Spenden persönlich »besetzte« Projekte bedeutet. Die neuen Geber würden begreifen, was es für eine moralische und politische Absurdität ist, wenn das Steuernzahlen, der Sache nach die intensivste Zuwendung des Bürgers zu seinem Staat, dem Verfahren nach sein passivstes, ohnmächtigstes und würdelosestes Moment darstellt.

3. Die neuen sozialen Fragen

Es gibt sie also, die neue soziale Frage – der eingangs erwähnte Gemeinplatz hat eine Grundlage in der Sache. Wie bei den übrigen Gemeinplätzen ist aber auch bei diesem zu bemerken, daß er durch seine allzu glatte Evidenz das Nachdenken eher paralysiert als anregt. In Wahrheit haben wir es nicht bloß mit der einen sozialen Frage zu tun, die heute das Mediengespräch dominiert: Wie konnte es kommen, daß mitten in der »Überflußgesellschaft« – um John Kenneth Galbraiths ominösen Ausdruck aus den fünfziger Jahren des 20. Jahrhunderts aufzugreifen[18] – eine wachsende Schicht von Ausgemusterten, Prekären und »Überflüssigen« entstand – und was ließe sich tun, um deren Desintegration zu mildern? Gleichzeitig mit dem neuen Unterschichtproblem, das den größten Teil der politischen Aufmerksamkeit bindet, ist eine zweite soziale Frage aufgetaucht, von der man annehmen darf, daß sie

18 John Kenneth Galbraith, *Gesellschaft im Überfluß*, München: Droemer 1959 (*The Affluent Society*, 1958). Galbraith wies als einer der ersten auf den zunehmenden Widerspruch zwischen dem wachsenden Wohlstand der privaten Haushalte und der Verarmung des öffentlichen Sektors hin.

demnächst die erste an Explosivität übertreffen wird. Nennen wir sie provisorisch: das Phänomen der erodierenden Mitte (alternativ: die Entfremdung zwischen den Staatsbürgern und dem politischen System). Die Unheimlichkeit dieser Entwicklung verrät sich darin, daß sie keineswegs allein den glücklosen unteren Rand der Gesellschaft betrifft, sondern ihren Kern und ihre aktive Mehrheit.

Die zweite soziale Frage ist weniger leicht auf den Begriff zu bringen als die erste, da sie sich unter sehr verschiedenen Titeln vorstellt. Einige Kommentatoren sprechen vom Verschwinden des Bürgertums, andere von der Desertion der Eliten, wieder andere von der Verstimmung der Leistungsträger. Häufig ist auch von wachsender Staatsverdrossenheit in weiten Kreisen der Bevölkerung die Rede, insbesondere bei den sozialstaatsskeptischen Mittelschichten, die seit langem ein teures System von Alimenten finanzieren, von dem sie selbst wahrscheinlich nie profitieren werden. Politologen haben den fortschreitenden Schwund der Loyalitäten zwischen Parteien und Wählerschaften ins Auge gefaßt. Leitartikler bemerken den zunehmenden Ekel der Bürger vor dem Autismus der politischen Klasse. Demographen konstatieren nicht nur eine Senilisierung und Schrumpfung der Populationen mitsamt ihrem direkt steueraktiven Segment, sondern auch eine zunehmende Auswanderungsneigung bei den Jungen und Smarten. Ein wichtiger Teil derer, die morgen hier zu den Eliten hätten zählen sollen, sitzt auf gepackten Koffern oder lebt bereits im Ausland, namentlich in den Ländern der anglophonen Welt. Unter den 650 000 Menschen, die jährlich der Bundesrepublik Lebewohl sagen, befinden sich 150 000 Hochqualifizierte, die für den nationalen Arbeitsmarkt verloren sind und bis auf weiteres durch keine entsprechende Zuwanderung ersetzt werden.

Wohin man auch sieht, die Malaise ist bis in die feinsten Ritzen des sozialen Gefüges vorgedrungen. Einer der aufmerksamsten Beobachter der wachsenden Entfremdung zwischen dem Staat und seinen Bürgern hat jüngst von einer »staatsbürgerlichen Migräne« gesprochen, die – nach der hier vertretenen These – vor allem durch die »Hydra« des ausufernden Steuerstaats verursacht wird.[19]

19 Paul Kirchhof, *Das Gesetz der Hydra. Gebt den Bürgern ihren Staat zurück!*, München: Droemer 2008, S. 34. Kirchhofs Ideen zur Steuerreform (auch jene, die er im Vorfeld der Wahlen von 2005 zu popularisieren ver-

Die Formulierungen für das große Unbehagen in der aktuellen Staatlichkeit sind so divers, daß es eines gewissen Abstraktionsvermögens bedarf, um zu begreifen, daß man es stets mit demselben Komplex zu tun hat. In all ihren Aspekten weisen die vielfältigen Miseren auf einen basalen Befund zurück: Immer mehr Menschen können sich des Eindrucks nicht erwehren, es habe keinen Sinn mehr, sich für das Gemeinwesen einzusetzen. Längst haben sie die Empfindung, einem blinden Monstrum gegenüberzustehen, das sich nur noch um seine eigenen Betriebsgesetze kümmert. Was auch immer die Bürger für das Allgemeine erübrigen, die nehmende Staatsmaschine ist so konstruiert, daß sie sich für ihre Abhängigkeit von Zuwendungen seitens einer aktiv anteilnehmenden Bürgergesellschaft blind stellen muß. Blind verfährt die Maschine nicht nur darin, daß sie ihren Routinen ohne Rücksicht auf die Leistungen der gebenden Seite folgt: Für sie existiert in Wahrheit gar keine gebende Seite, sondern nur eine besteuerbare Bevölkerung, von welcher sie selbst einseitig festlegt, wie viel sie ihm *schuldet*. Blind ist die große Maschine auch in der Theorie. Ja, schon die Behauptung, es gebe so etwas wie eine valide Theorie der Steuerrechtfertigung, wäre eine freundliche Übertreibung – es gibt nur Lehrstühle für Finanzwissenschaft und Steuerrecht, die sich zum Fiskus verhalten wie die Theologen zur Dreieinigkeit.

Wer jüngere Literatur zu Steuerrecht und Staatsfinanzen aufblättert, stößt auf einen Bodensatz von etatistischen Platitüden, die

suchte) bleiben ihrer Denkform nach nehmerzentriert und sind strikt vom staatlichen Bedarf her gedacht. In ihren Prinzipien (Senkung, Vereinfachung, Transparenz, Aufhebung der Privilegien) drücken sie jedoch ein hohes Maß an Verständnis für die Geberseite aus. Gelegentlich geht Kirchhof bis an die Grenze der systemsprengenden Kühnheit: »Der Gedanke, der Steuerzahler selbst möge über die maßvolle und gleichmäßige Steuerlast und damit über die Staatsaufgaben entscheiden, bleibt faszinierend. Der Weg von einem Faszinosum zu einer privilegienfeindlichen Rechtswirklichkeit ist vorgezeichnet« (ibid., S. 293). Anläßlich eines öffentlichen Streitgesprächs in einem Forum des Bundestags in Berlin am 5. Juli 2010 unter der Moderation von Frank-Walter Steinmeier hat sich Kirchhof zwar gegen meine These vom zu wünschenden freiwilligen Charakter der Steuer ausgesprochen, jedoch die Idee einer »Kultur des Gebens im Steuerrecht« aufgegriffen und in einem dort vorgelegten Thesenpapier elaboriert.

ausschließlich vom faktischen Bedarf der öffentlichen Hand handeln. Nirgends ist auch nur eine Spur von zeitgemäßer Herleitung der Steuer zu entdecken – und zeitgemäß wäre, wie gesagt, eine solche Herleitung allein dann, wenn sie die Geberqualitäten der steueraktiven Bevölkerung ins Zentrum rückte. Vom Geber weiß die staatliche Seite bis heute aber gerade so viel, wie sie wissen muß, um dessen voraussichtliche Belastbarkeit im nächsten und übernächsten Jahr abzuschätzen. Jedoch: Daß den Routinen des staatlichen Nehmens stets eine in riskanter Tätigkeit erwirtschaftete Geber-Leistung gegenübersteht, die von Monat zu Monat, von Quartal zu Quartal, von Jahr zu Jahr neu erbracht werden will: das nimmt der staatliche Pol heute wie früher nur dann zur Kenntnis, wenn sogenannte »Steuerausfälle« die Automatismen der nehmenden Hand zu stören drohen.

Sollte man für die Automatik des staatlichen Nehmens und die ihm inhärente Mentalität einen kompakten Ausdruck finden, er müßte »Gebervergessenheit« lauten. Im Jargon der Soziologen würde man sagen: Das Fiskalsystem hat das Stadium der Selbstbezüglichkeit erreicht und sich von den Intentionen der Bürger abgekoppelt. Es betrachtet die zahlende Seite bloß als seine Umwelt, zu der es ausschließlich durch systemeigene Schemata Zugang gewinnt. Die Bürger bilden für den Fiskus eine Randbedingung seines Funktionierens, so wie die Kuh die Randbedingung des Milcherzeugungssystems ist. Die nehmende Maschine weiß nicht mehr, wer diejenigen sind, bei denen sie sich bedient. Sie hat es tatsächlich nie gewußt noch jemals wissen wollen. Wenn die Dinge bleiben, wie sie sind, wird sie es auch in Zukunft nicht zur Kenntnis nehmen.[20] Diese Beobachtungen lassen sich nicht mit der system-

20 Im übrigen spricht viel dafür, daß die Marxsche Mehrwerttheorie in ihrem sinnvoll rekonstruierbaren Anteil eine erste Form einer Theorie der Gebervergessenheit war, und zwar für das Verhältnis zwischen Unternehmern und Arbeitern. Auch die letzteren waren, vor allem in der Frühphase der Industrialisierung, in bezug auf ihre Betriebe als eine gebende Seite zu verstehen, ohne daß die Unternehmen dies durch adäquate Löhne zu würdigen wußten. Wo diese anfängliche Form von Gebervergessenheit revidiert wurde – nicht zuletzt unter dem Druck der Gewerkschaftsbewegungen –, entstanden sozialpolitisch und unternehmensethisch plausiblere Verhältnisse zwischen »Kapital« und »Arbeit«.

theoretischen Auskunft erledigen, die Subsysteme »Politik« und »öffentliche Finanzen« hätten sich in der Moderne eben »ausdifferenziert« und könnten nur noch ihren internen Parametern gemäß funktionieren. In Wahrheit zeigt sich ein anderes Bild: Wo reales Geld im Verkehr zwischen Staat und Bürgern fließt, stößt die »Ausdifferenzierung« an Grenzen. Konkretes Geben und konkretes Nehmen sind keine unpersönlichen Abläufe in einem automatisierten Funktionssystem, sondern diskrete Dramen, die nach Darstellung in hinreichend sensiblen Begriffen verlangen. Mit funktionalistischen Abstraktionen ist die Transaktion zwischen der nehmenden Hand und der gebenden Seite ebenso wenig begreiflich zu machen wie mit dem verklemmten Idealismus der hierzulande gängigen Kommunikationstheorien.

Die vergessenen Geber-Bürger ihrerseits nehmen sehr deutlich wahr, welches Spiel mit ihnen gespielt wird. Sie machen sich keine Illusionen mehr über die Tatsache, daß aus Staatsbürgern Träger von Steuernummern geworden sind. Viele von ihnen teilen die Empfindung, sie seien nur noch Positionen auf einer Liste nützlicher Idioten. Zieht man Bilanz, führt die zweite soziale Frage letztlich auf den Befund zurück, daß die Routinen eines anachronistisch begründeten und psychopolitisch falsch konstruierten Steuerstaats mit der Zeit unvermeidlich die kollektive Demoralisierung hervorrufen. Die unbefragte (und wie man in der aktuellen Debatte beobachten konnte: durch kritische Theoretiker vor kritischen Fragen militant geschützte) Zwangsnatur der Steuern und Abgaben zieht die Zerstörung aller Ansätze zur Entstehung einer freiheitlichen staatsbürgerlichen Geberkultur nach sich. Deren Verkümmerung – herbeigeführt durch eine systemautistische, taktlose und überdehnte Staatlichkeit – hat unmittelbare Auswirkungen auf das notleidende Gemeinwohlbewußtsein. Wo dieses heute noch Lebenszeichen sendet, tut es dies in der Regel eher den staatlichen Mechanismen zum Trotz als durch diese gefördert.

Es wäre freilich ungerecht, die Gebervergessenheit des Steuerstaats allein auf das Konto der Fiskalbürokratie zu setzen. Gebervergessenheit existiert auch in der Gesellschaft selbst – zumindest auf einem ihrer ideologischen Flügel. Sie zeigt sich typischerweise in dem stark politisierten Segment, welches traditionell das lebhafteste Interesse an einem umverteilungsfähigen Staat ausdrückt – bei den Empfängern von Transferleistungen und bei der großen

Schar ihrer politischen, journalistischen, akademischen und therapeutischen Anwälte. Für diese hochmotivierten Interessenvertreter – die man sehr zu Unrecht »Gutmenschen« nennt – ist Staatsgeld wesensmäßig Geld ohne Eigenschaften und Dispositionsmasse ohne Herkunftsappellation. Sie alle rechnen am liebsten mit einem Geld, das es gibt, weil es gebraucht wird, und das vorhanden ist, weil der Staat es sich holt. Man versteht sehr gut, wieso es eine wirkungsvolle Allianz zwischen dem nehmenden Staat und seinen ihn zum Nehmen auffordernden Mandanten gibt – und warum beide sich so sehr gegen jeden Hinweis auf die Fragwürdigkeit des bestehenden Systems zur Wehr setzen. Der erste nimmt, wo immer etwas zu holen ist, und die zweiten rufen ihm zu, wo noch mehr zu holen wäre. Fiskalisten und Sozial-Lobbyisten aller Couleur zeigen seit jeher ein massives Interesse daran, aus »geholtem« Geld Niemandsgeld zu machen – Geld ohne Fingerabdruck eines Gebers, Geld, das aufgrund seiner scheinbaren Herkunftslosigkeit geeignet ist, als reine Etatmasse durch die Hände von Umverteilern zu fließen. Hat Geld als Zahlungsmittel immer schon eine abstrakte Seite, wird es als liquide Masse in der Staatskasse noch um eine Stufe abstrakter, weil es dort in den Zustand purer polyvalenter Verfügbarkeit versetzt ist. Auf diese Weise wird es zu Niemandsgeld und Jedermannsgeld zugleich – ein ideales Mittel zur Subventionierung, Privilegierung und Bestechung von Partei-Klienten, die Selbst-Alimentierung der helfenden Klasse nicht zu vergessen. Dank seiner willkommenen Abstraktheit wandert es in die Hände von Empfängern, die *a priori* von der Frage entlastet sind, woher die Beträge stammen. Jedermannsgeld kommt scheinbar jedem Interessenten zu, weil Geld ohne Eigenschaften sein Vorhandensein vorgeblich nur dem allgemeinen Wertschöpfer, der »Gesellschaft«, verdankt, will sagen, unterschiedslos allen Mitgliedern des mysteriösen Kollektivs.

Insbesondere die konservative Linke war seit jeher an der Destillation eines Geldes in staatlicher Hand interessiert, dem man es nicht mehr ansehen sollte, aus welchen Taschen es kam. Vergessen wir nicht anzumerken, daß die Anonymisierung von Geldern in der öffentlichen Hand zunächst eine progressive Funktion erfüllt: Sie objektiviert die Staatsfinanzen und emanzipiert sie von »feudalen« Geberaufträgen. Wenn aber die Anonymisierung die Schwelle von der gebotenen Diskretmachung der Geberseite zur völligen

Gebervergessenheit überschreitet, wird sie kontraproduktiv. Von da an entsteht aus dem kleineren Übel das größere: Indem sie am fiskalischen Geld jede Herkunftsspur tilgt, erzeugt die Anonymisierung der Steuern Demoralisierung bei der gebenden und Wirklichkeitsverlust bei der nehmenden Seite.

Die antibourgeoise Polemik auf dem altlinken Flügel der heutigen Gesellschaft verkennt, wie sehr sich das Schwergewicht der Bürgerleistungen für den Staat im Laufe des letzten Jahrhunderts zur Mitte hin, insbesondere zur oberen Mitte, verschoben hat. Um in Zahlen zu reden: Von der Gesamtpopulation der Bundesrepublik Deutschland, die aktuell rund 82 Millionen Menschen zählt, gehen gegenwärtig circa 40 Millionen Menschen Einkünfte erbringenden Tätigkeiten nach. In diesen Zahlen kommt die Generationen-Staffelung der Gesellschaft in Sicht, da die nicht-berufstätige größere Hälfte überwiegend aus Jungen und Alten besteht, die ins Arbeitsleben noch nicht beziehungsweise nicht mehr eingegliedert sind, somit aus realen ehemaligen und möglichen künftigen fiskalischen »Leistungsträgern«, um das ominöse Wort zu benutzen. Das untere Drittel der aktuell Berufstätigen, etwa 15 Millionen Arbeitnehmer, erzielen so niedrige Einkommen, daß sie von direkten Steuern befreit sind. Bleiben also auf der Haben-Seite die 25 Millionen Haushalte, die den Kern der aktuell aktiven Steuerbürgerschaft in der BRD bilden. Von ihnen bringt das obere Fünftel, also fünf Millionen Haushalte und Einzelpersonen, circa 70 Prozent der Einkommensteuern auf, indessen ungefähr 20 Millionen Steuerzahler sich die restlichen 30 Prozent teilen.

Da die Einkommensteuern nur einen Teil des fiskalischen Gesamtvolumens ausmachen, obschon nach wie vor den beträchtlichsten Posten, indessen die übrigen Steuerkategorien, insbesondere die Umsatzsteuer und die Konsumsteuern, das Übergewicht der Staatseinnahmen bilden, ist es legitim zu fragen, von welcher Seite und auf welche Weise die übrigen Summen aufgebracht werden. Bei nüchterner Betrachtung der Tabellen ergibt sich ein eindeutiger Befund: Auch alle anderen Kategorien von Steuern – die Umsatzsteuer, die Erbschaftsteuer, die Gewerbesteuer, die Kapitalertragsteuer, die Mineralölsteuer usw. (wir sind in Deutschland so glücklich, 36 Arten von Steuern unterscheiden zu dürfen) – laufen *summa summarum* immer wieder auf die gleiche Gruppe zu. Das ist nicht erstaunlich, da die kritischen 25 Millionen aufgrund ihrer größeren Konsum- und Verkehrsintensität und ihrer fast exklusiven Betroffenheit von vermögensbezogenen Abgaben auch bei diesen Kategorien naturgemäß den Löwenanteil erbringen. Andererseits sind die Beiträge der übrigen Zahler auf dem Gebiet der flächendeckend erhobenen Konsum- und Mehrwertsteuern nicht ganz zu vernachlässigen.

Im Blick auf diese Gruppe der Steueraktiven möchte man den zeitweilig außer Dienst gestellten marxistischen Begriff vom »falschen Bewußtsein« reaktivieren und die Frage stellen: Warum gibt es bei diesen vielen Zahlern bis heute kaum eine Spur von kollektivem Bewußtsein? Warum ist das effektive Geberkollektiv im heutigen Gemeinwesen bisher so gut wie ohne jede adäquate politische Artikulation geblieben? Warum zögert diese Gruppe, sich ihr gemeinsames Merkmal bewußt zu machen, und wieso läßt sie zu, daß sich ihr politischer Ausdruck in dem bestehenden Parteiensystem zersplittert? Die Antwort lautet wohl: weil die politische Semantik unserer Zeit – und folglich auch die herkömmliche Parteienrhetorik – noch immer an die Sprachspiele des 19. und frühen 20. Jahrhunderts gebunden ist, die vom Konflikt zwischen Liberalismus und Sozialismus bestimmt waren. An den Fronten dieses semantischen Bürgerkriegs war von allem möglichen die Rede – nur nicht von den Tatsachen der Gabe. Inzwischen ist es an der Zeit, einer tieferen ethischen Evidenz Platz zu machen, die früher oder später auch eine politische Wahrheit werden muß: daß »Ausbeutung«, falls es sie in unseren Breiten noch gibt, weder durch Gegenausbeutung noch durch Zwangscaritas überwunden wird, sondern durch die Kultur der Gabe. Deren Verwirklichung wird bis auf weiteres durch das System der Zwangsbesteuerung verdeckt. Dieses verhindert die Einsicht, in welchem Maß die Steuern selbst schon Gaben sind, die darauf warten, endlich als solche begriffen zu werden. Die Neubeschreibung der sozialen Tatsachen aus der Sicht der gebenden Seite ist ein notwendiger Schritt zu der Verwandlung der Gesellschaft im ganzen. Es wäre absurd, dieses Ziel durch die Gründung einer neuen Partei am rechten Rand des politischen Spektrums verwirklichen zu wollen. Was fehlt, ist nicht eine neue konservative Partei, sondern eine neue Leidenschaft für die Verdeutlichung der gebenden Tugenden inmitten der vorhandenen Strukturen.

4. Unterwegs zu einer Ethik des Gebens

Der Augenblick ist gekommen, nach der abgeklungenen Debatte ein vorläufiges Resümee zu ziehen. Was die große Mehrheit der Kritiker meiner Thesen weithin ohne Absprache miteinander teilt, ist die Überzeugung, es würde bei einer Umstellung der öffentlichen Haushalte von Zwangssteuern auf freiwillige Abgaben bzw. Bürgerspenden sofort zu einem Kollaps des sozialen Lebens kommen, zumindest zu einer katastrophischen Verknappung aller Mittel in der Hand des Staates. Vor einigen Monaten machten entsprechende Phantasien in den Leitartikeln und Partygesprächen der Bundesrepublik die Runde.
Diese Beobachtung kann als ein gesichertes Resultat der Diskussion verbucht werden: Das Gros der Beiträger bekennt sich durch seine Einlassungen zu einer tiefschwarz pessimistischen Ansicht über die Natur des sozialen Zusammenhangs in unserem Gemeinwesen. Zwar lobt man in sonntäglichen Reden die kommunikative Kompetenz des Bürgers in hohen Tönen. Wenn es ans effektive Geben geht, erlischt der Glaube an eine solche Kompetenz, und man stellt vorsorglich von Kommunikation auf Konfiskation um. Die Mehrheit der Diskutanten geht davon aus, die von ihnen *unisono* unterstellte kollektive Selbstsucht, der dogmatisch angenommene primäre Geiz und die allgemein vorausgesetzte Asozialität der Gesellschaftsteilnehmer würden sich sofort Bahn brechen, wollte man dem dubiosen Kollektiv der Steueraktiven (der im Fiskaljargon so genannten »Leistungsträger«) auch nur für einen Augenblick die Freiheit lassen, selber zu entscheiden, ob sie etwas für den Zusammenhalt des Gemeinwesens aufbringen wollen, und falls ja, wie viel. Fast ausnahmslos machten die Kommentatoren meiner Thesen die Annahme, eine Geberkultur auf der Basis von Freiheit und Freiwilligkeit könne bloß ein Patchwork aus Launen und Almosen ergeben – nichts jedoch, was einem Budget gliche, aus dem ein Staat wie der unsere seine Aufgaben bestreiten könnte. Man sähe vermutlich ein paar schöne Gesten, einzelne Geber täten sich durch aufsehenerregende Spenden hervor, einige Menschen guten Willens erbrächten ihre regelmäßigen Opfer. Im großen und ganzen aber würde die Massenflucht vor dem Klingelbeutel die Szene beherrschen. Für die Bekämpfer meiner Thesen bedeutet die sogenannte Gesellschaft in Wahrheit nur die Summe

aller Desertionen aus der Gesellschaft. Beim bloßen Gedanken an eine etwas zwanglosere, von Spenden getragene oder auch nur zu gewissen Anteilen mitgetragene Fiskalität spüren die kritischen Autoren schon förmlich den sozialen Winter durch die Ritzen ziehen, sie ahnen den Kältetod des Gemeinwesens voraus. Sie schikken in die Krisengebiete am unteren Rand des Sozialstaats schon jetzt die Wolldecken, in die man sich würde hüllen müssen, wenn das wohltätige Zwangsregime bei Steuern und Abgaben außer Kraft gesetzt und durch ein System freier Zuwendungen ersetzt würde.

Diesen Punkt sollte man festhalten: Unsere kritischen Kommentatoren, überwiegend Journalisten und Sozialwissenschaftler altlinker, gelegentlich sogar alt-leninistischer und paläo-maoistischer Provenienz (sie alle wurden in wahrhaft ökumenischem Geist um ihr Votum gegen meine Thesen gebeten) – sie traten bei dem Schrekkensbegriff »Freiwilligkeit« die Flucht nach vorne an. Wie unter einem durchdringenden Diktat bekannten sie sich zum staatlichen Zwang, weil der eben sein muß, sobald es ums Reelle und Materielle geht. Für sie steht fest, der Zwang ist am Platz, da nur er die Bürger auf das Verhalten festlegt, das den Diskutanten als das einzig richtige erscheint: die fraglose Unterwerfung unter das Oktroi von Abgaben, ohne die der Staat nicht das Nötige in seine Kassen bekommt. »Fiskalisten aller Länder – laßt euch am Nehmen nicht irre machen!« ist die Devise dieser Internationale aus Wohlgesinnten.

Nun könnte man hypothetisch annehmen, diese Autoren hätten mit ihrem misanthropischen Weltbild letztlich recht. Womöglich ist es wirklich so, daß sozialer Zusammenhang in allen »Gesellschaften« jenseits einer gewissen Größe nur durch äußere Gewalt und ihre mehr oder weniger tiefgehenden Verinnerlichungen entsteht. Hat nicht Hobbes im *Leviathan* geschrieben: »Verträge ohne das Schwert sind bloße Worte«? Ist es nicht wirklich so, daß wir letztlich nur durch die Furcht zusammenhängen? Müssen wir nicht eine gemeinsame äußere Bedrohung verspüren, ehe wir intern füreinander einstehen? Brauchen wir nicht ein effektives Feindbild, bevor wir uns reell miteinander solidarisieren? Wenn solche Unterstellungen zulässig sind, darf man auch den Gedanken wagen, man sei der Wahrheit am nächsten, wenn man die unvornehmen Annahmen hinsichtlich der Beweggründe menschlichen

Sozialverhaltens favorisiert – Angst, Gier, Neid, Ressentiment und Lust an der Erniedrigung des Mitmenschen. Dies zugegeben, ist es dann nicht politisch gerechtfertigt, diese real existierende »Gesellschaft von Teufeln«, kantianisch klug und pädagogisch realistisch, auch steuergesetzlich streng an die Kandare zu nehmen?
Das alles gehört in einen Bezirk anthropologischer Spekulation, über deren Legitimität oder Illegitimität nichts vorentschieden ist. Ich möchte freilich umgehend erklären, warum ich diese allzu populäre Anthropologie der primären Gier, die weit verbreitete Dogmatik des Nichts-zu-geben-Habens und die bequeme Überzeugung von der überwiegend niederträchtigen Motiviertheit menschlichen Verhaltens (worin bürgerliche Konservative und altgediente Linke längst konvergieren) für von Grund auf falsch halte – und nicht nur für falsch, sondern für ethisch prekär und sozialklimatisch verheerend.
Angenommen, meine Kritiker seien, ihren offen bekundeten prosozialen und diskret pro-sozialistischen Optionen zum Trotz, tatsächlich von solchen traurig-realistischen Ansichten über die menschliche Natur, deren ungesellige Geselligkeit und vorgebliche Unfähigkeit zu großzügigem Verhalten eingenommen. Woher dann aber ihre Wut gegen die Erinnerung an die unbestreitbar vorhandene generöse Komponente im menschlichen Seelenhaushalt, die nach allem, was man weiß, noch vor dem Mitgefühl die stärkste Quelle aller gebenden Haltungen darstellt? Woher die Aufgeregtheit, mit der man darauf besteht, das Geben fürs Allgemeine sei nur dann ein richtiges Geben, wenn es unter Zwang und Strafandrohung zustande kommt? Woher der Trotz, mit dem man darauf beharrt, die Empfänger von Staatsleistungen hätten einen selbstverständlichen Rechtsanspruch auf Unterstützung seitens der Allgemeinheit – und ihnen sei nicht zuzumuten, daß die Herkunft der Hilfsmittel in Zukunft deutlicher markiert würde?[21]
In diesem Punkt zeigt sich die bis auf weiteres nicht überbrückbare Differenz in den sozialanthropologischen und ethischen Grundannahmen, die meine Überlegungen von den Einwendungen der meisten Kritiker trennen. Unsere realistischen Freunde glauben

21 Vgl. Wolfgang Kersting, »Von denen nehmen wir nichts geschenkt«. Rezension zu: *Angriff der Leistungsträger? Das Buch zur Sloterdijk-Debatte*, herausgegeben von Jan Rehmann und Thomas Wagner, Hamburg: Argument 2010, in: *Frankfurter Allgemeine Zeitung* (16. August 2010, S. 24).

ganz entschieden nicht daran, daß aus Freiwilligkeit in sozialen Angelegenheiten im allgemeinen, in fiskalischen Dingen im besonderen je etwas Gutes und Verläßliches entsteht. *Diese* Ungläubigkeit bewirkt, daß die Ungläubigen die von mir aufgestellte Gegenthese zu ihren Bekenntnissen bis heute nicht einmal bemerkt haben. Der kritische Punkt meiner Überlegungen kommt in ihren Kommentaren überhaupt nicht vor. Sie reagierten fast durchweg mit einer monotonen Unterstellung – nämlich: daß der Autor des *FAZ*-Essays nur eine heimtückische Form von Steuerersparnis für die Reichen in die Debatte geworfen habe! Für diese Autoren sind *freiwillig* geben und *wenig* geben synonym – wobei sie sich wohl auf unmißdeutbare Selbstbeobachtungen stützen, sind sie doch selbst Kinder des sozialpsychologischen *status quo*, der in uns eher engherzige Haltungen züchtet. Sie glauben ohne eine Spur von Zweifel: Der Hinweis auf Großzügigkeit kann in Wirklichkeit nur ein Sparprogramm bedeuten! Aufgrund dieser Unterstellung und gestützt auf eine Automatik des niederen Denkens haben die Kritiker sich vom Anfang der Debatte an geweigert, meine leitende Annahme auch nur zur Kenntnis zu nehmen, geschweige denn zu referieren und gegebenenfalls mit Gründen zurückzuweisen. Ich wollte nichts anderes sagen, als daß das Gemeinwesen mittels einer weit ausgebauten und psychopolitisch klug gesteuerten Geberkultur auf thymotischer und freiheitlicher Grundlage durchaus nicht hinter das aktuelle Niveau zurückzufallen bräuchte, ja daß es möglicherweise leistungsfähiger würde als das System, das wir zur Stunde kennen, vor allem aber: daß das alternative Projekt – nach der Metamorphose in ein erweitertes, motivational vertieftes und diskret personalisiertes Spendenwesen – um ein Vielfaches vitaler, humaner und wirksamer geriete, als es in den heute dominierenden dumpfen anonymen, ineffizienten, verschwenderischen und ausbeutungsoffenen Zwangsroutinen jemals sein kann.

Auf diese These, die im Debattenlärm unhörbar wurde, möchte ich noch einmal zurückkommen: Nur ein System der Freiwilligkeit – selbst wenn dieses vorerst nur einen kleinen Teil der öffentlichen Haushalte ausmachte und für eine unbestimmt lange Übergangszeit mit zwangsgesicherten Abgaben kombiniert bliebe – kann der Population im ganzen ihre moralische Lebendigkeit wiedergeben. Allein die Wende zu einer Kultur der Gabe und der Geber-

Anerkennung kann sie aus ihrer Wohlstandsverdrossenheit befreien. Menschen, die sich auf die Geberseite stellen, erwachen moralisch zum Leben. Das ist tatsächlich so, und wer es nicht aus eigener Erfahrung weiß, hat als Moralsubjekt noch gar nicht zu existieren begonnen – er ist im Vorleben steckengeblieben, in dem man immer darauf wartet, daß die anderen etwas für uns tun.

Jedoch: Auch die moralisch Erwachsenen bekommen Lust, den Krempel hinzuwerfen, wenn sie kontinuierlich zum Abgeben genötigt werden, indessen ihnen von der nehmenden Seite nichts anderes entgegenkommt als die Aussicht auf noch längere Formulare, noch tiefere Demütigungen, noch umfassendere Nachzahlungen. Dabei sind die Befunde über den Zustand unseres Gemeinwesens seit längerem evident. Jeder Besucher, der von außen kommt, nimmt die moralische Klimakatastrophe, die unsere politische Kultur kennzeichnet, als das erste wahr, was einem bei der Einreise in die Wohlstandzone entgegenschlägt: Den Ankommenden ist unbegreiflich, warum die materiell reichste Gesellschaft der Geschichte, die heutige und hiesige, zugleich die mürrischste, die unzufriedenste und mißtrauischste ist, die es in Friedenszeiten jemals gab. Mit *diesem* Klimaproblem wollen sich seine Verursacher nicht befassen. Von ihren eigenen moralischen Emissionen machen sie sich keinen Begriff, und über deren Ursachen und Wirkungen weigern sie sich nachzudenken. Der Grund der großen Verstimmung ist gleichwohl mit Händen zu greifen: Er liegt in der systematischen Entwürdigung der Geber durch die organisierten Nehmermächte. Sie geht auf die chronische Demütigung zurück, durch welche man den Bürgern in der breiten Mitte, die mit ihren zu Abgaben degradierten Gaben nahezu alles ermöglichen, was die soziale Welt zusammenhält, chronisch unterstellt, sie müßten mit Gewalt gezwungen werden, zu tun, was sie aus freien Stükken niemals täten.

Woher nimmt diese pessimistische Soziologie ihre Gewißheiten? Seit jeher ist der Pessimismus die Ausrede derer, die sich, wenn es um die lieben Mitmenschen geht, ausschließlich auf den Zwang verlassen wollen – in diesem Punkt finden Augustinus, Hobbes und Lenin, die Meisterdenker der Herrschaft durch den Schrekken, auf einer gemeinsamen Linie zusammen. Und doch, was auch immer die Phalanx der Realisten an Argumenten ins Feld führt:

Nichts spricht *a priori* dagegen, sich das freie Geben fürs Gemeinwesen, wie jetzt das erzwungene Steuerzahlen, als eine regelmäßige und in Grenzen vorhersehbare Tätigkeit vorzustellen – nichts, außer dem Mangel an sozialer Phantasie. Was aber noch mehr dagegensteht: Das ist die noch immer so verbreitete wie bequeme Anhänglichkeit an eine als Kritik und als Realismus maskierte antidemokratische Anthropologie der Niedertracht. Man vergißt allzuleicht, daß jede Aussage über den Menschen menschenformend wirkt: Wer Menschen kleindenkt, bekommt früher oder später zu sehen, was er dachte. Das niedere Denken ist ein sich selbst verwirklichendes autogenes Training der Kläglichkeit.

Wir rühren an den Kern der Sache, der zugleich das Zentrum der zweiten sozialen Frage ist. Die prononciertesten Kritiker meiner Anregungen sind Partisanen eines »Realismus«, der sich abgeklärt und überschlau gibt und doch für die psychopolitischen Wirklichkeiten in den modernen sozialen Systemen völlig blind bleibt, um hier nur von diesen zu sprechen. Der vorgebliche Realismus flüstert ihnen ein, der gesamte soziale Zusammenhang müßte sich sofort in Millionen autistischer Gier-Atome zersetzen, sobald man den Steueraktiven bei ihrem gebenden Verhalten etwas mehr Gestaltungsfreiheit ließe und ihnen als Gebern Anerkennung zollte. Sie denken und fühlen noch immer – über irgendwelche dunklen Habitus-Übertragungen der sechziger und siebziger Jahre vermittelt – in den antibürgerlichen Klassenhaß-Stereotypen des 19. Jahrhunderts und der zwanziger, dreißiger Jahre des 20. Jahrhunderts, wie sie nach 1967 vom leninistischen Flügel der Studentenbewegung rezykliert wurden. Sie folgen den eingeschliffenen Bahnen einer falschen Soziologie, nach welcher eine bürgerliche Gesellschaft nichts anderes wäre als ein Mosaik aus raffgierigen Agenten des Eigennutzes.[22]

Um den theoretischen Bezugsrahmen meiner Überlegungen zum

22 Den Vertretern dieser Auffassung dürfte kaum bewußt sein, daß sie mit ihren Phantasmen über Individualismus und Eigennutz ein abgeschliffenes Motiv des Hegelianismus weitertransportieren. Die problematische Hyperbel aus Hegels Rechtsphilosophie: »In der bürgerlichen Gesellschaft ist jeder sich Zweck, alles andere ist ihm nichts«, ist bei ihnen zu einer Agitationsformel geschrumpft. Hegels massiv kontrafaktische These war ihrerseits ein Säkularisat der christlichen Inquisition gegen das Ego, die von Pascal bis zu Augustinus zurückreicht.

Gabe-Charakter der Steuern zu umreißen, möchte ich folgende Bemerkungen hinzufügen: Als Jürgen Habermas seinerzeit die heilsame Abkehr von den Klischees des schon wieder mordbereiten Vulgärmarxismus vollzog, der viele Studenten der sechziger und siebziger Jahre in seinen Bann schlug, folgte er der richtigen Intuition, man müsse den Bürgern moderner Gesellschaften endlich auch als kommunikativ handelnden Wesen mit grundbegrifflichem Aufwand gerecht werden. Diese Wende war für das geistige Überleben der alten BRD, ja für die nicht-kommunistische linke Intelligenz in aller Welt von Bedeutung – sie bereitete eine vorsichtige Versöhnung des militanten sozialistischen Lagers mit der liberalen rechtsstaatlichen Überlieferung vor.

Bedauerlicherweise ging Habermas auf dem eingeschlagenen Weg nicht bis zur Zielmarke des eigentlichen Problems: Er kam nicht bis zu der Stelle, wo man erkennt, wie Menschen sich in nicht nur symbolischen, sondern ebenso in materiellen Kommunikationen und Kommunionen miteinander verwirklichen. Aufgrund seiner einseitigen Aufmerksamkeit auf den sprachlichen Austausch blieb er stumm hinsichtlich der auch im kommunizierenden Handeln entscheidenden Dimension: der des materiellen Gebens und Nehmens. Der Wiederanschluß der Kommunikationstheorie an die »materialistische« oder ökonomische Analyse konnte in der vorgegebenen symbolisch-interaktionistischen Verkürzung nicht gelingen. Von einer »Weltmacht Habermas« – wie die *Zeit* zum 80. Geburtstag des Autors in beinahe verständlicher, anlaßgerechter Übertreibung schrieb – hätte vielleicht wirklich die Rede sein dürfen, wenn der Autor seine Theorie des kommunikativen Handelns zu einer Theorie des gebenden und nehmenden Handelns fortgeführt hätte. Mir scheint jedoch, Habermas hat nie zugeben wollen, daß es zwischen uns, wenn wir »kommunizieren«, nie bloß um den Austausch von Sätzen mit Wahrheitsansprüchen geht, sondern ebenso und mehr noch um die Übergabe, die Rückgabe und die Weitergabe von Gütern im materiellen wie im symbolischen Sinn des Wortes.[23]

23 Überdies enthält der Hinweis darauf, unsere Äußerungen erhöben einen »Anspruch« auf Wahrheit, eine bedenkliche Verzeichnung des kommunikativen Geschehens: Worauf es beim Reden ankommt, ist nicht so sehr der Wahrheitsanspruch, den man für die eigene Botschaft oder These erhebt. Es geht vielmehr um das Angebot der Wahrheit, die Aufschließung eines

Gebende Handlungen bringen unweigerlich einen Überschuß an asymmetrischen und unverrechenbaren Elementen mit sich. Habermas' großer Kontrahent Derrida hatte seine ethischen Reflexionen auf dieser Einsicht aufgebaut – deswegen sprach er in seinem Spätwerk unablässig von der Gabe, vom Geschenk, von der Vergebung, von der Einverleibung, von der Freundschaft, vom Erbe und von verwandten Phänomenen. All diese Themen waren aus einer basalen Beobachtung abzuleiten: In jedem authentischen Austausch zwischen Menschen ist der Vorsprung des Gebens uneinholbar. Gerechtigkeit kann nur jenseits der Symmetrie von Geben und Nehmen gedacht werden. Sie läßt sich nie ohne Ungleichheit und Einseitigkeit vorstellen. Folglich erschöpft sich das »Antworten« nie im spiegelbildlichen Zurückgeben einer empfangenen Gabe. Die »gute Antwort« kann allein im Weitergeben bekundet werden, mit dem erneut ein asymmetrisches Verhältnis gestiftet wird. Im übrigen hatte Derrida nie ein Geheimnis daraus gemacht, daß er die alte Linke aus ihrer begrifflichen Stagnation befreien und eine neue Logik des sozialen Zusammenhalts auf der Grundlage der gebenden Tugenden entwerfen wollte. Deswegen war er das Wagnis eingegangen, zu zeigen, wie Großzügigkeit – in Form der bedingungslosen Gabe – eine Höchstgestalt von zu bejahender Einseitigkeit verkörpert. Nach der einen Seite ist solche Einseitigkeit von Grund auf menschlich und »normal«, wie Mütter und hilfreiche Samariter täglich zeigen, zugleich besitzt sie eine zweite, eine »transzendente« Seite, die außerhalb aller berechenbaren Tausch- und Äquivalenzbeziehungen steht. Es läßt sich wohl kein Gedanke vorstellen, der die buchhalterische alte Linke tiefer provozieren könnte, und es nimmt nicht wunder, wenn sie vor diesen potentiell epochemachenden Anregungen die Augen verschloß. Auch Habermas war, aus welchen Gründen auch immer, zu vorsichtig, um dem weiter sehenden Denker in die Abgründe der Asymmetriemeditation zu folgen.[24]

Wahrheitszugangs für andere und die Offenlegung eines bisher verborgenen Motivs, von dem man mit mehr oder weniger guten Gründen glaubt, man dürfe ihn den Mitbürgern nicht vorenthalten.

24 Zu meinen Kommentaren zu diesem Denker vgl. *Derrida ein Ägypter. Über das Problem der jüdischen Pyramide*, Frankfurt am Main: Suhrkamp 2007, sowie: »Der Denker im Spukschloß. Über Derridas Traumdeutung«. Vortrag zur Eröffnung der internationalen Konferenz »Derrida's Ghosts«

Das niedere Denken hat – nicht nur wegen der unzureichenden Rezeption der Derridaschen Impulse, aber mittelbar auch ihretwegen – die altlinken Milieus unseres Landes fest im Griff, und im übrigen Europa steht es um sie in keiner Hinsicht besser. Das Zentrum der Gebervergessenheit liegt heute paradoxerweise auf dem linken Flügel – paradoxerweise, weil die klassische Linke ja ein besonderes Sensorium für »Ausbeutung«, das heißt für unbedanktes Geben besitzen müßte. Jedoch sucht sie das Unbedankte und Nicht-Anerkannte immer noch dort, wo man es im 19. Jahrhundert entdeckt hatte – in der Unterbezahlung der Lohnabhängigen sowie in der Geringschätzung des Beitrags, den alle Arten von »anderen« zum Gelingen des sozialen Lebens leisten. Die Vorsprecher dieser Tradition kennen bis heute keine Scheu, die vielen Millionen direkt Steueraktiven in der breiten Mitte der heutigen Gesellschaft, die zahlreichen mittelständischen Unternehmer, die Selbständigen und die neuen Kreativen, die jetzt zu den kräftigen Einzahlern in die Gemeinschaftskasse zählen, unter ihre alte automatisierte Feind-Adresse zu fassen: alles bloß gierige, hoffnungslose, räuberische Bourgeoisie. Von diesen Gruppen und ihren Leistungen erwartet die altlinke Reaktion alles mögliche, nur nichts, wodurch bewiesen würde, daß Menschen gerade in reichen, ausdifferenzierten und individualisierten Gesellschaften füreinander etwas übrig haben, selbst wenn sie ihre eigenen Interesse nie aus dem Auge verlieren.

Bei einer solchen dogmatisch negativen Grundhaltung ist es nur konsequent, wenn die sozialen Sozialpessimisten ihre Hoffnungen ausschließlich auf den Ausbau der autoritären Fiskalität setzen. Diese Liebhaber der Zwangsmacht – ein luzider Interpret nannte

am 7. Oktober 2009 am Istituto Italiano per gli Studi Filosofici in Neapel aus Anlaß des fünften Todestags des Philosophen.

Die Unzulänglichkeiten der Habermasschen Theorie des kommunikativen Handelns hat Axel Honneth dadurch zu kompensieren versucht, daß er den Akzent von dem viel zu abstrakten Begriff »Kommunikation« zu dem riskanteren Thema »Anerkennung« verschob. Dies brachte einen Terraingewinn für die Allgemeine Ökonomie, sofern das Anerkennen eine gebende Geste im symbolischen Register impliziert. Honneths überheftige Abwehrreaktion gegen die Materialisierung der Anerkennung in der realen Spende könnte bedeuten, daß er aus dem System der »idealistischen« Symmetrien keinen Ausweg sieht.

ihre Mission die »autoritär-karitative Verteilung«[25] – stehen, zusammen mit den anderen Agenten der Staatsüberlastung, an der Quelle der bedrohlichsten Fehlentwicklung im System der öffentlichen Finanzen unserer Zeit. Sie sind es, die das Krankheitsmuster des Zwangsfiskalismus, die objektiv fahrlässige, in der Sache längst als kriminell einzustufende Staatsverschuldung in allen Industrieländern, bis in immer näher an den Absturz führende Zustände vorantreiben. Sie haben es so weit gebracht, daß die Staatsbankrottvermeidung heute wie eine politische Utopie erscheint. Dennoch wird man nicht eines Tages behaupten können, die wohlmeinenden Fiskalisten hätten nicht gewußt, was sie tun. Die Maxime ihres Handelns liegt offen zutage: Ihre eigene schöne Moral ist ihnen die Demoralisierung der übrigen Gesellschaft wert.
Mir scheint, es ist an der Zeit, mit den misanthropischen Phantasiesystemen linksreaktionären Ursprungs zu brechen – so nobel ihre Motive anfangs gewesen sein mögen. Wir haben genug erlebt, um endlich ein neues Kapitel im Buch des Zusammenlebens von Menschen in modernen Gemeinwesen aufzuschlagen. Einen in meinen Augen unentbehrlichen Leitsatz, der ganz am Anfang des neuen Kapitels stehen muß, habe ich in den nachfolgenden Interviews und Essays mehrmals wiederholt, ich betone ihn auch hier: Der Mensch ist zwar ein vom Habenwollen geprägtes Geschöpf, und es gibt keine Wirtschaftstheorie, die dies nicht unter ihre Axiome rechnet, doch ist er immer auch als ein von Grund auf anteilnehmendes Wesen zu denken, dessen affektives Repertoire durch Empathie, Stolz, Generosität und Gebenwollen mitbestimmt ist. Man befindet sich ethisch, anthropologisch, soziologisch und nicht zuletzt ökonomisch auf einem gefährlichen Irrweg, gefährlich, weil selbstwahrmachenden Effekten unterworfen, wenn man den Menschen bloß als ein Bündel von niederen Antrieben und Defiziten beschreibt: ein kümmerliches Wesen, das überwiegend von Angst bewegt würde, wie bei Hobbes, von Haß auf den Mitmenschen, wie bei Pascal, von Aneignungsgier, wie bei Proudhon und Marx, von Neid und Eifersucht, wie bei Girard, von Mängelmitgiften überhaupt, wie bei Gehlen. Die konservativ-realistischen dunklen Menschenbilder haben in eng definierten Kon-

25 Wilhelm Röpke, *Die Lehre von der Wirtschaft*, 11. Auflage, Erlenbach-Zürich und Stuttgart: Rentsch 1968, S. 249 (erstmals 1937).

texten ihre Berechtigung. Sie können trotz problematischer Primärwirkungen aufklärerische Nebenwirkungen freisetzen – weswegen sie vom Hauptstrom modernen Denkens nicht zu trennen sind.

In einer kompletteren Sicht wird man die Menschen als Doppelwesen anerkennen, in denen Mängel und Überschüsse miteinander ringen. Die Psyche agiert permanent in einem Parallelogramm aus gierhaften und stolzhaften Regungen – griechisch gesprochen im Kraftfeld von *eros* und *thymós*. Der Eros ist nehmend gepolt und strebt nach Aneignung ohne Rücksicht auf Vornehmheit. Nicht ohne Grund ist er heute der Gott der Massenkultur, in der sich alles um das entgrenzte Begehren dreht. In seinem Einflußbereich wird die Elite zur Prominenz herabgesetzt, und Prominenz erscheint als Lohn der Gier. Der Thymos hingegen bleibt, heute wie immer, gebend ausgerichtet und folgt vornehmen bzw. prestigerationalen Motivationen. Daher steht er der *high culture* und dem aristokratischen Verhaltenscodex vergangener Gesellschaftsordnungen näher. Zahllose Beispiele aus bürgerlicher Zeit bezeugen jedoch die Möglichkeit und Wirklichkeit von Generosität im Umgang zwischen den gewöhnlichen Leuten. Sie demonstrieren die Gegenwart der Großzügigkeit auch bei den Armen und Ärmsten. Ja, gerade jüngere sozialpsychologische Studien zeigen, daß es die Ärmeren sind, die sich die Chance zu großzügigem und solidarischem Verhalten am wenigsten nehmen lassen wollen. Das Abenteuer der höheren Moral ist nur durch die zivilisatorische Macht des Thymos begreiflich zu machen – vor allem, wenn die Ausweitung der Empathie-Zone ihm zu Hilfe kommt.[26]

Daher erübrigt es sich, über die neuerdings wieder viel zitierten *animal spirits* in der Ökonomie zu grübeln.[27] Die regierenden Geister reduzieren sich auf die beiden Primärkräfte, die erotisch-habenwollenden und die thymotisch-gebenwollenden. Beide kennen vielfältige Deklinationen durch die Widerstände des Realen. Wer diese Grundkräfte und ihre Brechungen studiert, gewinnt einen zuverlässigen Leitfaden durchs Labyrinth der Leidenschaften, öko-

26 Vgl. Jeremy Rifkin, *Die empathische Zivilisation. Wege zu einem globalen Bewusstsein*, Frankfurt am Main und New York: Campus 2010.

27 Vgl. George A. Akerlof und Robert J. Shiller, *Animal Spirits. Wie Wirtschaft wirklich funktioniert*, Frankfurt am Main und New York: Campus 2009.

nomisch wie außerökonomisch.[28] Das hat die antike philosophische Psychologie gewußt, und das haben die neuzeitlichen Psychologien des Unbewußten wie auch die gängigen Sozialpsychologien vergessen, als sie sich auf eine verkürzte Mängelwesendogmatik und eine verstümmelte Anthropologie des Wunsches und des Neides festlegten.[29] Daher dürfte klar sein, warum man auf dem Weg zu einer politischen Ethik für das 21. Jahrhundert keinen Schritt weiterkommt, solange man sich an die Dogmen der Armseligkeitsanthropologie klammert – so begreiflich dieser Reflex auch sein mag. Er verführt dazu, am Unhaltbaren Halt zu suchen.

Die traditionelle Sozialdemokratie, als Partei verstanden – ich habe sie immer als mein Verwandtschaftssystem angesehen –, liegt ideell am Boden, weil sie in sozialethischer Hinsicht keinen neuen Gedanken zu fassen vermochte. Sie war allzulange unfähig, ihren Wortschatz zu erneuern. Sie hat es nicht gelernt, das Wortfeld der Großzügigkeit in ihre Sprache zu integrieren und die Verben des Gebens zu konjugieren. Sie ist in den zeitgenössischen psychischen und psychopolitischen Tatsachen nicht mehr zu Hause. In der alten Unzufriedenheit bewegt sie sich weiterhin wie der Fisch im Wasser, auf dem Boden der gebenden Tugenden humpelt sie – ich wünschte, sie würde bald wieder aufrecht gehen lernen. Wenn

28 Vgl. Nigel Thrift, »Pass It On: Towards a Political Economy of Propensity«, in: Emotion, Space and Society 1 (2008), Nr. 2, S. 83-96.

29 Vgl. Peter Sloterdijk, *Zorn und Zeit*, a. a. O., S. 9-73, insbesondere S. 51 f., wo ich die Prämissen einer Ökonomie der Generosität im Anschluß an Nietzsche und Bataille andeute. Naturgemäß bewegen sich meine Überlegungen auf einem Feld, das zuerst Marcel Mauss umrissen hatte und auf dem Jacques Derrida in jüngerer Zeit neue Markierungen gesetzt hat. Ich darf daran erinnern: Der generöse Sozialist Marcel Mauss ist der Autor, der in meinem *Sphären*-Projekt (1998-2004) das letzte Wort hat. Ich lasse am Ende des dritten Bandes einen Historiker auftreten, der über die *Sphären* insgesamt den Verdacht äußert, deren »Autor habe eigentlich eine Universalgeschichte der Großzügigkeit schreiben wollen«. Das *Sphären*-Projekt, vermutet er, sei eine lange Paraphrase über den kategorischen Imperativ nach Marcel Mauss: »Wir sollen aus uns herausgehen und uns in Geschenken verwirklichen, in freiwilligen wie in obligatorischen, denn darin liegt kein Risiko.« Die moralische Leitidee von Mauss lautete, die Menschheit möge die Kunst des Teilens erlernen – von der handelt sein klassisches Werk über die Gabe. Vgl. Peter Sloterdijk, *Sphären III. Plurale Sphärologie, Schäume*, Frankfurt am Main: Suhrkamp 2004, S. 885.

sie sich künftig wieder deutlicher »als Partei der kleinen Leute«[30] profilieren möchte, muß man um ihre Fähigkeit zur Zeitgenossenschaft weiter fürchten. Sie weiß nicht mehr genug von den in unserer Hemisphäre schon sehr zahlreichen Menschen, die aus dem Ärgsten heraus sind und sich nach Projekten, Bündnissen und Szenen umsehen, in denen sie ihre soziale Phantasie, ihr Geberbewußtsein, ihre stolzen und schöpferischen Impulse verwirklichen können. Zu lange hat sie auf eine »realistische« Soziologie und auf eine abgeschlagene, vom gutgesinnten Ressentiment diktierte Sozialphilosophie gehört. Und je weiter man heute nach links schaut, desto reaktionärere Konzepte blicken zurück. Deutschland war einmal Exportweltmeister bei falschen politischen Ideen, die in großem Maßstab wirksam wurden. Jetzt reicht die Produktion kaum noch dazu, die Inlandsnachfrage zu decken.[31]

Ich habe meine Option, denke ich, deutlich genug ausgesprochen: Die zweite neue soziale Frage ist nur zu beantworten, wenn man die zweite Gebervergessenheit in der aktuellen politischen Kultur überwindet – so wie die alte Arbeiterbewegung die Gebervergessenheit der älteren Unternehmerbourgeoisie überwand. Niemand wird glauben, dies werde sich von selbst und über Nacht vollziehen. Das kommende Jahrhundert gehört einem Titanenkampf zwi-

30 So Sigmar Gabriel auf einem SPD-Parteitag im September 2010.

31 In diesem Punkt, und nur in diesem, gebe ich Antonio Negri recht, wenn er in seinem Buch *Goodbye Mr. Socialism. Das Ungeheuer und die globale Linke*, Berlin: Edition Tiamat 2009, allen Spielarten der etablierten Linken eine Absage erteilt. Vor einem Jahrzehnt führte ich mit Negri und Yann Moulier-Boutang via Fernsehsatellit eine Diskussion (es gab von einem Hörsaal des Centre Pompidou aus eine Direktschaltung ins Staatsgefängnis Rebibbia bei Rom), in der wir uns über die gemeinsame Überzeugung austauschten, das wichtigste Motiv für die gegenwärtige politische Theorie sei der Entwurf eines Ethos für eine Linke jenseits des Ressentiments. Die Zeitung *Humanité* berichtete in ihrer Ausgabe vom 3. April 2000 über die von der gauchistischen Zeitschrift *Multitudes* organisierte Debatte mit ausführlichen Zitaten aus Negris und meinen Äußerungen unter dem Titel: »Comment penser une gauche qui sorte du ressentiment?« (Wie wäre eine Linke zu denken, die aus dem Bann des Ressentiments ausbräche?) Die Auseinandersetzung hierüber ist in Frankreich wie in Deutschland nicht von der Stelle gekommen, im Gegenteil, der linksreaktionäre Flügel hat sich immer weiter eingemauert, und die Weltfinanzkrise seit dem September 2008 hat ihm Vorwände geliefert, noch tiefer ins Überholte zu regredieren.

schen der Vernunft der Großzügigkeit und den Berechnungen des niederen Denkens. Wenn die großzügige Ethik ihn gewinnen kann, so deswegen, weil der wachsende Druck gegenseitiger Abhängigkeiten der globalen Spieler in ihre Richtung wirkt. Die Weltgesellschaft wird ein Patchwork thymotischer Kommunen sein, oder sie wird nicht sein.

Das Gemeinwesenbewußtsein kann sich auf breiter Front nur regenerieren, wenn es gelingt, ein von Grund auf verändertes soziales Klima zu erzeugen, das es erlaubt, die effektiv gebenden Instanzen unserer Tage ins Zentrum zu rücken. Das sind nicht mehr die guten alten Proletarier, die im Verhältnis zu den Fabrikherren den kürzeren zogen, solange sie nicht gelernt hatten, ihre Interessen in mächtigen Assoziationen geltend zu machen. Es sind nicht die Arbeitslosen, die Marginalen und Prekären von heute, die man bis auf weiteres überwiegend auf der Seite der Empfänger von staatlichen Hilfen finden wird – obschon es wichtig ist, Wege aufzuzeigen, wie sie auf die gebende Seite zurückkommen. Es sind jetzt die effektiven Geber auf allen Stufen des Gemeinwesens, die in letzter Instanz das ganze Gewicht der geldvernetzten, wissensvernetzten und empathievernetzten sozialen Konstrukte tragen, es sind die kleinen, mittleren und großen Zahler direkter und indirekter Steuern, die Spender, die Sponsoren, die Stifter, die freiwilligen Helfer, die Netzwerker, die Ideengeber und sämtliche bekannten und unbekannten Kreativen auf allen Spielfeldern der Wirksamkeit, die mit ihren Zahlungen, Impulsen und Ideen das Gemeinwesen bereichern. Die Zeiten sollten vorüber sein, in denen die alten und neuen Geber diffamiert werden – etwa durch gut gemeinte, doch törichte und verrottete Formeln wie »Klassenkampf von oben«. Für die reaktionär phantasierende Linke mögen die Besserverdienenden noch immer ihren bevorzugten Feind darstellen; sie mag ruhig weiter ihren Groll kultivieren und ihren Revolver ziehen, wenn sie das Wort »Leistungsträger« nur hört. Realisten und freiere Geister richten ihren Blick auf die riesenhafte Wirklichkeit der gebenden Mitte, die in ihrem oberen Segment an die Wohlhabenden rührt. Um so besser für alle, wenn viele von den Reichen sich dieser Mitte anschließen, indem auch sie kraft ihrer Geberqualitäten den Pool des Gemeinsamen verstärken.[32]

32 Im Sommer 2010 hat die von Bill Gates und Warren Buffett angeregte

Die zahllosen Akteure in diesem Bereich bilden das Ensemble der Gruppen, die heute einen Anspruch auf Vertretung durch visionäres politisches Denken erheben dürfen – so wie das Industrieproletariat des 19. Jahrhunderts ein gutes Recht auf intellektuelle Vertretung durch die theoretische Avantgarde seiner Zeit besaß. Im beginnenden 21. Jahrhundert würde Marx den vergessenen gebenden Kollektiven des gegenwärtigen Systems seine Stimme leihen. Er würde nüchtern konstatieren: Obwohl alle Parteien darum wetteifern, für die Mitte zu sprechen, hat die reale Mitte heute keine Vertretung. Sie ist kaum besser organisiert als ein Schwarm von Blättern in einem von allen Seiten kommenden Wind. In Wahrheit bildet sie genau jene *multitude*, die kreative Vielheit, von der nostalgische Immer-noch-Kommunisten wie Negri, Hardt, Žižek und einige andere nicht unsympathisch, aber begrifflich hilflos träumen. Diese Autoren suchen die schöpferischen Vielen, unverbesserlich romantisch, weiterhin an den vorgeblich subversiven unteren Rändern der Gesellschaft – dem zähen Vorurteil folgend, wonach ein neues »revolutionäres Subjekt« nur aus dem Widerspruch der Erniedrigten und Beleidigten zum »Bestehenden« hervorgehen könne. Indem sie einer verbrauchten Radikalitätsfolklore nachhängen, versäumen sie zu begreifen, daß das Objekt ihrer Suche dort lebt, wo sie nie hinsehen: im erodierenden Zentrum der aktiven Populationen. Mitte sein heißt heute: riskieren, zwischen zwei Undankbarkeiten zerrieben zu werden. Doch selbst die romantischen Sucher nach der verlorenen »radikalen Politik« und die Anwälte der »drastischen Umverteilung«[33] sollten früher oder später fähig sein, einzusehen, daß die gebende Mitte heute den Kern des Prinzips des Gemeinsamen bildet.

Was die mechanische Ausbeutung der Produktiven durch die Hydra angeht, ist das Nötige gesagt. Die Sonne scheint auch hier über

historisch beispiellose Initiative »The Giving Pledge«, nach welcher die Superreichen in aller Welt die Hälfte ihres Vermögens für Gemeinwohlaufgaben spenden sollen, weltweit für Aufsehen gesorgt (in Deutschland hingegen eher hämisches Abwinken provoziert); sie hat die neuerdings zirkulierenden Ideen zu einem »Philanthrokapitalismus« mit konkreten Beispielen untermauert. Vgl. Matthew Bishop und Michael Green, *Philanthrocapitalism. How the Rich Can Save the World*, New York: Bloomsbury 2008.

33 So Chantal Mouffe, *Exodus und Stellungskrieg. Die Zukunft radikaler Politik*, Wien: Turia und Kant 2005, S. 58.

nichts Neues, solange sie keine Alternative hat. Die neue Idee ist ausgesprochen: Es ist an der Zeit, den sozialen Zusammenhang von der Gabe her zu denken. Die gebenden Tugenden bilden die einzigen erneuerbaren Energien, durch deren Ingebrauchnahme sich das Leben der Menschen von Grund auf verändert.

Dokumentation

1. Die ganze Welt schien reif für die Sozialdemokratie. Von Heuschrecken und unverdientem Reichtum

Im Gespräch mit Dieter Schnaas[34]

Dieter Schnaas: Herr Professor Sloterdijk, seit einigen Wochen wird in Deutschland eine erstaunlich enge Diskussion über Globalisierung, Geld und Kapitalismus geführt. Warum ist diese Debatte, angesichts der reichen Tradition des Themas in Deutschland, so kleinmütig?

Peter Sloterdijk: Weil man nicht begreifen will, was Marx schon 1848 wußte: Daß die Kapitalbewegung die Triebkraft zu allen modernen Emanzipationen liefert. Nur scheinbar hatte der Begriff Kapitalismus in den vergangenen 20 Jahren seine schimpfwörtliche Bedeutung verloren. Seit den 80er Jahren war ein solider Burgfrieden zwischen Arbeit und Kapital verwirklicht – die ganze Welt schien reif für die Sozialdemokratie. Man konnte sich der Illusion hingeben, der »Kapitalismus« sei ein moralisch neutrales Datum geworden. Plötzlich wird der Ausdruck wieder in seiner polemischen Akzentuierung aufgenommen – was nichts anderes bedeutet, als daß er von neuem ein Kampfwort im Munde von Verlierern wird.

Von welchen Verlierern sprechen Sie?

Es ist offensichtlich, daß Franz Müntefering den Ausdruck nicht verwendet hätte, wenn er nicht als Verlierer in eigener Sache spräche: Als wahrscheinlicher Verlierer der nächsten Wahlen, als sicherer Verlierer im Bedeutungswettbewerb zwischen Politik und Wirtschaft – und als totaler Verlierer im Einkommensvergleich zwischen Politikern und Managern.

Aber Müntefering hat seine Verliereridentität doch nur deshalb erfolgreich auf einen Teil der Deutschen projizieren können, weil diese sich immer schon irgendwie als Verlierer fühlen?

34 Dieses Gespräch zwischen Peter Sloterdijk und Dieter Schnaas erschien unter dem Titel »Wir Tropen-Krulls. Philosoph Peter Sloterdijk über Athleten der Ignoranz, kosmische Idioten, die Verlierer der Globalisierung – und über den Dschihad gegen den Kapitalismus in Deutschland« in der *Wirtschaftswoche* (19. Mai 2005, S. 22 ff.).

Und nicht als irgendwelche. Man darf nicht vergessen, daß die Deutschen nach 1945 in der mentalen Haltung von exemplarischen Verlierern wieder auf die Beine gekommen sind. Die besten aller Verlierer in der Geschichte sein zu wollen – das war der Gründungsmythos der Bundesrepublik Deutschland. Deshalb sind unsere Landsleute so leicht bereit, in Verliererdiskurse zurückzuschwingen – um diesmal die Rolle des schlechten Verlierers zu erproben. Und schon fangen sie an, die dazugehörigen schlechten Manieren an den Tag zu legen.

Warum aber ist es Müntefering so leichtgefallen, das kollektiv schlummernde Opfergefühl der Deutschen zu reaktivieren?

Weil wir genug Zeit hatten, die Formel zu verinnerlichen, daß wir als militärische und moralische Verlierer des Weltbürgerkrieges dennoch seine ökonomischen Gewinner sein werden. Nichts anderes war das Betriebsgeheimnis der alten Bundesrepublik: politische Demut, kombiniert mit triumphaler Wirtschaftsexpansion. Die Globalisierung hat diese Erfolgsformel in Frage gestellt – und damit den sozialpsychologischen Grundlagenvertrag der BRD beschädigt.

Hat der Beitritt Ostdeutschlands zu dieser Beschädigung beigetragen?

Die Hereinnahme der DDR war sicher ein Abschwungbeschleuniger. Als wir das Erbe der zweiten deutschen Diktatur integrieren mußten, merkten wir allmählich, daß »Wiedervereinigung« ein Verliererprojekt sein kann. Die gigantischen Transferleistungen, die seit 1990 nach Ostdeutschland geflossen sind, haben dort sehr viel bewegt, aber sie zeigen auch, daß Nationalität als solche noch kein Erfolgskonzept ist. Bei solchen Kosten macht das Deutschsein keinen Spaß mehr ...

... weil zu viele Hypotheken mit zuwenig Kompensationen verbunden sind ...

... und weil man mit bloßen Solidarzuschlägen und Subventionen immer tiefer ins Minus gerät. Müntefering hat das gespürt und zum Dschihad gegen den Kapitalismus aufgerufen. Das klang wie ein semantischer Selbstmordanschlag gegen die Prämissen der alten Bundesrepublik.

Soweit ihre Einschätzung zu den Melancholikern der Globalisierung. Sie selbst darf man wohl eher zu den Tragikern rechnen – zu jenen also, die den Zwängen der Globalisierung mit heroischem Realismus ins Auge sehen?

Ich würde eher von einem großen Drama sprechen. Die dramatische Sicht auf die Globalisierung erfaßt nicht nur die Unumkehrbarkeit des Vorgangs, sie betont auch sein positives Fundament: Irgendwann mußten die Menschen darauf kommen, daß die Erde eine Kugel ist, aber auf einer Kugel sind alle Punkte von allen anderen Punkten aus erreichbar. Daran muß man sich gewöhnen. Eines aber fällt auf: Die Globalisierungskritiker von heute reden über die schnellen weltweiten Geldbewegungen sehr ähnlich wie die katholischen Theologen im 17. Jahrhundert über die damals neu bewiesene Erdrotation. Destabilisierungen dieses Formats werden zunächst mit heiligem Zorn abgelehnt. Es ist ja wirklich ein Angriff auf die Menschenwürde, wenn ich von heute auf morgen hinnehmen soll, daß ich binnen 24 Stunden um die Erdachse herumgeschleudert werde. Auch die Gegner der Erdrotation wußten, was sie wollten, sie hatten etwas dagegen, zu kosmischen Idioten zu werden. Mit der Globalisierung und ihren Kritikern steht es ebenso.

Die Europäer unter den kosmischen Idioten haben vor 500 Jahren die Globalisierung initiiert – und sie dem Rest der Welt kolonial aufgedrängt. Jetzt schreiben nicht mehr nur die Gewinner, sondern auch die Verlierer von einst an der Geschichte der Globalisierung mit. Ist es dieser Schock, der uns so brutal in die Glieder fährt?

Tatsächlich ist etwas zu Ende gegangen, nämlich die Zeit der unilateralen Weltbilder. Weil Menschen zunächst und zumeist geborene Unilateralisten und wahre Athleten der Ignoranz gegen andere sind, fällt allen die Anpassung an die neue Lage schwer: Früher konnte man ungestraft so gut wie sämtliche übrigen Mitglieder der Gattung ignorieren. Dann hat man sie kartographiert und sie als ethnologische Merkwürdigkeiten unter die Lupe genommen. Jetzt kommen sie mit eigenen Ansprüchen – und wir können sie nicht mehr wegdenken. Wir müssen riesige Ignoranzfelder aufgeben – und uns damit abfinden, daß die weißen Flecken auf den alten Landkarten ersetzt werden von realen Mächten und Menschen, die uns ihre Koexistenz aufnötigen. Houellebecq hat den empfindlichen Punkt getroffen: Das Signum der globalisierten Welt ist die »Ausweitung der Kampfzone«.

Und reagieren darauf mit der Verteidigung der Komfortzonen?

Die Wirklichkeit ist ein Multiagentensystem, da muß man ständig mit Konkurrenz und anderen bösen Überraschungen rechnen. Nichtsdestoweniger bleiben wir von unserer mentalen Verfassung her Geschöpfe der Verwöhnung, immer auf der Suche nach Entlastungen und lokalen Gemütlichkeiten. Die Umstellung auf ein permanent gefährliches Leben ist eine Zumutung.

Es gibt viele solche Zumutungen. Auch die Demographen läuten Alarm, bald wird es nicht mehr genug Beitragszahler geben. Die Fangopackungen der großen Solidarsysteme versagen ihren Dienst.

Jahrzehntelang haben die Kranken- und Rentenkassen als unsere unsichtbaren Wellness-Dienstleister dafür gesorgt, daß es uns auf fast mysteriöse Weise gutging. Heute müssen wir feststellen, daß die guten Feen im Hintergund ihren Dienst versagen. Fee-Sein ist bei uns kein Zukunftsberuf mehr. Es sind keine hübschen Waldfrauen, die uns bei Krisen unter die Arme greifen, faltige Sachbearbeiterinnen rechnen uns mit sorgenvoller Miene die Reste von unseren Renten aus. Hat man solche Sekretärinnen des Schicksals erst einmal mit eigenen Augen gesehen, begreift man, daß nichts mehr so sein wird wie zuvor.

Fällt den Deutschen solches Umdenken besonders schwer?

Verlieren ist für niemanden leicht. Die Deutschen hatten überdies eine Sondertradition – ihr volksgemeinschaftlich gefärbtes, elitenfeindliches Konzept von Solidarität. War das nicht unser offenes Geheimnis? Nach 1945 haben wir vom Nationalsozialismus auf Sozialnationalismus umgestellt, parteiübergreifend. Folglich konnte damals der einzige real existierende Beinahe-Sozialismus der Welt auf deutschem Boden entstehen, in Form der guten alten Bundesrepublik. Die DDR lieferte hierzu die Parodie.

Sie übertreiben.

Ich glaube nicht. Leben wir nicht auch weiterhin in einem singulären Wohlstands- und Komfortsystem? Das Muster unseres Realitätsdesigns ist immer noch beispielloser Wohlstand in breiter Streuung. Die zur Umverteilung anstehenden Summen sind nach wie vor enorm – auch bei zeitweiliger Schrumpfung des Volumens. Wenn man das nicht im Auge behält, erzeugt man schwarzen Kitsch. Daß gewisse Einschnitte gleich als apokalyptische Rückschläge empfunden werden, beweist nur, wie sehr man als Bewohner des Wohlstandstreibhauses mit einer automatischen Zuwachserwartung ausgestattet war. Wenn dann einmal das Wachstum ausbleibt, entwickeln Zahllose das Gefühl, bitter zu verarmen.

So ruft man unter der bestversorgten Population der Menschheitsgeschichte über Nacht archaische Mangelphantasien hervor.
Gehört es auch zu den sozialistischen Erfolgen der alten BRD, daß Umfragen zufolge nur elf Prozent der Deutschen mit Bernard Mandeville und Adam Smith glauben, Eigennutz mehre den Wohlstand?
Wenn Sie ein so häßliches Wort wie Eigennutz verwenden, brauchen Sie sich über das Ergebnis nicht zu wundern. Man müßte die Frage anders formulieren: »Glauben Sie, daß Menschen eher unternehmerisch werden, wenn sie die Früchte ihrer eigenen Arbeit genießen können?« – und schon haben Sie 66 Prozent Bejahung, oder mehr. Das Wort Eigennutz dürfte man erst ins Feld führen, wenn man zuvor über zwei Generationen hin Nietzsches Grundeinsicht in den Schulen gelehrt hätte, daß der Egoismus oft nur das moralische Pseudonym unserer besten Energien ist. Das häßliche Wort steht für die schöne Fähigkeit von Menschen, sich gegen Passivität und Fatalismus aufzulehnen. Von dieser Erkenntnis dürften die Deutschen gerade heute profitieren.
Statt dessen sind sie in eine Art Schockstarre gefallen. Wie ist es dazu gekommen?
Die Konsumgesellschaft frißt ihre Kinder, wen wundert es? Vermutlich hat sich mit der Heraufkunft der Erbengeneration nach 1980 ein Klimawandel vollzogen. Seither wiederholt sich das Buddenbrook-Syndrom massenhaft. Wenn zu viele Erben da sind, spricht sich die gefährliche Weisheit herum, daß es auch ohne Arbeit und Eigenleistung geht.
Das heißt, das Klima im Wohlstandstreibhaus ist so schwül geworden, daß es alle gesellschaftlichen Gruppen, die Armen wie die Reichen, lähmt?
Kann sein, die Tropen machen müde. Es gehörte zu den klimatischen Verheißungen der Existenz im Wohlstandstreibhaus, daß der Hauptgewinn auf uns wartet: die Verwirklichung des Traums vom leistungslosen Einkommen. Im Imaginären der Deutschen steht der totale Urlaub ganz oben. Wen man noch beim Arbeiten ertappt, der hat offenbar die höheren Stufen nicht erklommen. Wer noch ins Büro muß, ist ein Versager. Als Erbe hingegen hätte man die wirkliche Entlastung von der eigenen Leistung erreicht, oder als Krull an der Börse, zur Not auch als Manager, der sich beim frühen Ausstieg aus dem letzten Job Abfindungen von klarem Plünderungscharakter genehmigt.

Gibt es eine Tradition des unverdienten Reichtums – und ist die Kritik daran mehr wert, als die Behaupter eines Neidkomplexes unterstellen?

Ich erzähle gern die Geschichte des ersten deutschen Wirtschaftsromans: Fortunatus, anonym 1509 zu Augsburg erschienen. Der Titelheld der Geschichte bekommt von einer schönen Jungfrau auf einer Waldlichtung ein fast unmoralisches Angebot vorgelegt: eine Liste von Vorzügen, aus denen er einen wählen darf, darunter die klassischen Tugenden, Weisheit, Tapferkeit und dergleichen, sowie Gesundheit – und Reichtum. Ausgerechnet Reichtum! Das war bis dahin nie im Angebot. Und Fortunatus wählt die neue Offerte! Darauf erhält er eine magische Börse, die, sooft sie geöffnet wird, 40 Goldstücke in der jeweiligen Landesprägung enthält. In dem Märchen klingt zum erstenmal das Motiv des frivolen modernen Geldgebrauchs an: die verlockende Möglichkeit, die langen Wege der Wertschöpfung zu überspringen. So wie für den Verbraucher der Strom bekanntlich aus der Steckdose kommt, so kommt für den Glücklichen das Geld aus dem Portemonnaie.

Heute dürften die meisten Menschen den Eindruck haben, daß Fortuna sie verschmäht.

Eine ungerechtfertigte Täuschung. Tatsächlich haben wir ein Fortunatus-Märchen im Großformat realisiert. Selbst wer nichts verdient, begegnet im Sozialstaat einer Minimal-Fortuna – auch wenn sie heute einen so unschönen Namen wie Hartz IV trägt. Das ist zwar eine ziemlich abgemagerte Glücksgöttin – aber sie tut weiter ihren Dienst. Selbst für die Ärmsten hält sie etwas bereit. Sie hält das Prinzip Gratis aufrecht, ohne welches das große Umverteilungsspiel zum Erliegen käme.

Welche Rolle spielen im deutschen Verwöhnungsraum Unterhaltung, Langeweile – oder mediale Ablenkungsmanöver wie die Kapitalismuskritik? Stabilisieren diese künstlichen Stressoren unsere Trägheit?

Ich zeige in meinem Buch, wie Entspannung und künstlicher Streß zusammengehören. Im Innern des Wohlstandstreibhauses gilt das Gesetz von der Ausschaltung des Ernstfalls. Daraus folgt der Primat der Unterhaltung. Warum? Weil Unterhaltung genau das ist, was einsetzt, wenn die Ernstfälle suspendiert sind. Dann wird Unterhaltung aufreibender als das Leben selbst.

Sie übertreiben schon wieder.

Noch weniger als vorhin. Denn wenn man auf den Grund der Unterhaltung schaut, merkt man, daß da eine tiefe Langeweile am Werk ist. Langeweile ist der psychische und moralische Reflex der Unfähigkeit, von irgend etwas ganz überzeugt zu sein. Der Mangel an Überzeugendem führt dazu, daß bei den Mitspielern der Hunger nach Ernstfällen aufbricht: Man braucht den Ernstfall, um das Realitätsgefühl zu eichen.

Und die Stillung dieses Hungers wird dann medial simuliert?

Sagen wir: Man befriedigt ihn indirekt, indem man Ernstfälle importiert. Wir sind dankbar dafür, wenn uns die Not der anderen daran erinnert, wie sich die eigentlichen Kosten des Realen beziffern. Die Flutkatastrophe in Südostasien im Dezember 2004 war für uns darum ein großes kathartisches Erlebnis. So seltsam es klingt: Es hat den Deutschen gutgetan, zu sehen, daß es außerhalb der eigenen traurigen Tropen noch echte Notlagen gibt. Da wußte man ein paar Wochen lang wieder, wie die Dinge stehen. Die deutschen Spendenrekorde haben bewiesen, daß wir nicht alle Maßstäbe verloren haben.

Gibt es einen Kern der aktuellen Kapitalismuskritik, der sich für eine in die Zukunft weisende Diskussion fruchtbar machen ließe?

Das Wahrheitselement der Kritik liegt darin, daß zwischen dem enormen Reichtum und seinen sozialen oder klimatischen Derivaten ein Mißverhältnis besteht. Wir beobachten zuviel blinde Akkumulation und zuwenig intelligente Umverteilung – da muß nachgebessert werden, weltweit. Wenn man das Thema für künftige große Politik sucht, da ist es. Überdies fehlt bei uns ein Klima der zivilen Großzügigkeit, wie es in den USA existiert. Dort gibt es quasi eine zweite Steuer – eine Seelensteuer, mit der die Reichen Sponsorenaufgaben erfüllen, weit über ihre fiskalischen Bürgerpflichten hinaus. Davon kann Europa viel lernen. Wir sollten ein ziviles Klima schaffen, das Generosität belohnt.

An welche Traditionen könnten wir bei einer solchen Debatte anknüpfen?

Es ist nicht ganz einfach, vor unserem christlich-miserabilistischen Hintergrund ein positives Verhältnis zum Reichtum zu entwickeln. Wir sprechen lieber Arme selig als Millionäre. Doch ein paar gute Beispiele, wenn sie bald kommen, könnten die Atmosphäre nachhaltig verändern.

Und wie steht es mit dem europäischen Großereignis der Renaissance? Birgt nicht diese Zeit einen reichen Vorrat an Vorbildern?
In der Renaissance ist der moderne Mensch entstanden, der Unternehmer und Forscher, der den weltlichen Gebrauch der Vernunft fordert. In der Renaissance tauchen Seefahrer auf, die wissen wollen, wie die Welt am anderen Ufer aussieht – und die überzeugt sind, daß die großen Schätze dort drüben liegen. Aus diesem »dort« entstand die Neuzeit. Die gute Nachricht heute lautet: Die Renaissance ist nicht vorüber.
Nur liegen diese Schätze jetzt woanders: in der Nanotechnik etwa oder in den Biowissenschaften?
Es gibt zu jeder Zeit ein neues Dort. Egal wo, man sucht stets nach der Formel, Gold zu machen. »Gold« steht für die Mittel, mit denen man das Leben über die Misereschwelle hebt. Unsere Schätze sind jedenfalls nicht mehr im Jenseits zu suchen. Seit dem Beginn der Neuzeit liegt der Schatzzauber darin, daß man ihn zu Lebzeiten findet – und daß man ihn unters Volk streut. Das ist die große Lehre der Renaissance: Genugtuung geben uns nur Schätze, die zu teilen sind. Das ist auf der symbolischen Ebene natürlich eher möglich als auf der materiellen, aber auch diese ist auf Ausweitung angelegt. Der moderne Begriff des Kapitals bezeichnet konsequenterweise nicht mehr den trägen Schatz, sondern das Geld, das sich in die totale Zirkulation stürzt.
Heben wir diese mobilen Schätze denn nicht richtig?
Wir heben sie, aber lustlos. Der echte Unternehmer würde seine Schulden genießen, weil sie ihm ein Garant dafür sind, daß die Maschine sich dreht. In Zeiten der Mutlosigkeit genießt man Schulden nicht mehr, und sobald man sie nicht genießt, verwandeln sie sich zurück in negative Schätze – auf denen sitzen die Drachen in Gestalt von Gläubigern. Der Depression entgeht man nur, wenn der Kredit die Vorfreude auf weitere Unternehmen ausdrückt. Im Grunde ist der Kapitalismus nichts anderes als eine Maschine, um das Genießen zu beschleunigen.
Von wem dürfen wir für die Kultur der Zukunft etwas erwarten. Vielleicht von den Managern?
Es wäre unklug, von denen viel zu erhoffen, weil sie überwiegend Getriebene sind. Wer von Bilanz zu Bilanz denkt, kann nicht Kulturerneuerer sein. Es gibt sehr wenige Manager mit Langzeitvisionen. Die übrigen sind Condottieri, kompakte Charaktere, wie sie

im späten Mittelalter zwischen den italienischen Stadtstaaten auftraten, um ihre Privatarmeen als Militärdienstleister anzubieten. Heute verkaufen sie ihren Vitalismus an die großen Firmen. Wenn sie selbstkongratulatorische Reden vor Aktionären halten dürfen, sind sie zumeist schon zufrieden.

Dann von den Politikern?

Als Erneuerer sind auch sie wenig geeignet. Ihre Kalender rechnen in Parteitagen und Legislaturperioden. Kulturträger würden in Generationen denken.

Fordern deshalb CDU-Chefin Angela Merkel und Bundespräsident Horst Köhler von seiten der Kultur einen Beitrag zur Erneuerung Deutschlands, weil sie es selbst nicht können?

Man kann verstehen, wie diese Leute rechnen. Sie haben begriffen, daß die kollektiven Befindlichkeiten einer Herstellung und Wartung bedürfen, die die Politik nicht leisten kann. Also bestellt man ein stimulierendes Klima bei der Kultur, bei den Medien und den Künsten. So ganz abwegig ist dieser Appell nicht, denn so wird das Prinzip des Atmosphärendesigns übertragen auf das nationale Stimmungs-Conditioning. Die klügeren Politiker wissen genau, was davon abhängt: nicht weniger als die Motivationsverfassung des Landes. Aber sie vergessen, daß Appelle ans Allgemeine einen Adressierungsfehler enthalten – sie kommen zum Absender zurück mit dem Vermerk: Unzustellbar.

Die weniger kluge Politik versucht, den Deutschen zu helfen, indem sie sie vor den Folgen der Globalisierung beschützt?

Der Wille zu schützen ist zunächst ganz richtig. Man muß begreifen, daß Immunität einen unverzichtbaren systemischen Wert darstellt. Lebende Körper bilden Immunsysteme aus, um sich gegen Invasoren zur Wehr zu setzen. Auch der Nationalstaat erbrachte mit seiner eifersüchtigen Aufmerksamkeit auf Symbole und Grenzen sowie mit seinem Stolz auf die heimischen Klassiker die typischen Aufgaben eines politischen Immunsystems. Seine wichtigste Leistung bestand darin, daß er die internen Verlierer halbwegs zu integrieren wußte. Größere politische Systeme können nur überleben, wenn ihnen die Verliererintegration irgendwie gelingt. Das haben die Römer vorgemacht mit ihrer Brot-und-Spiele-Politik, die nichts anderes war als eine erste Massenkultur, mit dem Zweck, die Ruhigstellung des städtischen Pöbels zu bewerkstelligen. Rom brachte es fertig, die Verlierer des Imperiums

in die römische Selbstaffirmation einzubeziehen, indem man sie teilhaben ließ an dem Stolz auf das imaginäre Erfolgskollektiv.
Sie meinen, eine Gesellschaft braucht durchaus auch ein wenig Protektionismus?
Nationen sind selbstbevorzugende Gruppen. Was wir Solidarität nennen, ist Selbstprotektion in Aktion. Man kann es auch anders ausdrücken: Es fällt uns zu Recht schwer, von der Utopie einer verliererlosen Welt Abschied zu nehmen. Wir wollten nie mehr einem Kollektiv angehören, in dem uns die Bettler an der Ecke ihre Mützen hinhalten. Jetzt zeigt sich, daß es Grenzen der Verliererintegration gibt.
Dabei stellen Sie uns weder Halt an der Religion in Aussicht noch an universal geltenden säkularen Versprechen. Wo finden wir inneren Unterschlupf, lieber Herr Sloterdijk, wenn uns das globale Gewitter erschüttert?
In der lokalen Nische. Wir wissen, man kann nicht alle Menschen in neue Nomaden und Global Player verwandeln. Der jüdische Philosoph Vilém Flusser hat hinsichtlich der menschlichen Beheimatung einige sehr interessante Überlegungen zu Papier gebracht: Oft wird behauptet, daß Menschen erst mal eine Heimat brauchen – um dann ihre Wohnung darin zu nehmen. Genau das Gegenteil ist richtig, sagt Flusser: Die politische Heimat ist das Sekundäre und notfalls entbehrlich, das Wohnen hingegen ist ein primärer anthropologischer Imperativ. Ich glaube, Flusser hat völlig recht. Menschen sind so gebaut, daß sie, um nicht verrückt zu werden, in guten Redundanzen eingebettet sein müssen – das nennt man Gewohnheiten. Wir leben auf einem Sockel von Gewöhnungen – nur von dem Basislager der Üblichkeiten und Verläßlichkeiten aus können wir in das Nicht-Redundante, Außergewöhnliche, Seltene vorstoßen.
Ein neues Biedermeier als Fels in der Brandung der Globalisierung?
Biedermeier? Als erste Anmutung lasse ich das vielleicht gelten. Aber bitte bedenken Sie: Weltoffenheit entsteht nur, wenn Menschen so etwas wie ein operationsfähiges Zuhause haben, das heißt: wenn sie richtig wohnen. Nicht im Sinne von lautem Patriotismus, wohlgemerkt. Eher im Heideggerschen Sinn des leisen In-der-Welt-Seins-an-einer-bestimmten-Stelle. Menschen sind darauf angewiesen, bei sich zu Hause zu sein. Sie möchten sich tragen lassen können von einem System guter stummer Voraussetzungen.

Explizite Patrioten sind hiervon zumeist das glatte Gegenteil, sie sind aufgeregte Heimat-Hektiker, die nachts schlecht schlafen. Das lokale Dasein hat seine unaustauschbare Verankerung am eigenen Ort, in der eigenen Haut. Das Lokalste des Lokalen ist ja der eigene Körper. Der leistet, was keiner ihm abnehmen kann: seine Regeneration. Und von unserer Regenerationsfähigkeit hängt unsere Welttauglichkeit ab: Tag für Tag. Welttauglichkeit können wir also letztlich nur aus lokalen Reserven erbringen. Am besten im Schlaf. Nur im Schlaf zu Hause sind wir ganz bei uns.

2. Kapitalismus ist ein januskөpfiger Prozeß

Im Gespräch mit Guido Kalberer[35]

Guido Kalberer: In Ihrem neuen Buch, Im Weltinnenraum des Kapitals, *definieren Sie Geschichte als Erfolgsphase des Unilateralismus. Diese sei nun vorbei und wir lebten in einer posthistorischen Situation.*

Peter Sloterdijk: Geschichte, im engeren Sinn, nenne ich die Periode, in der die einseitigen expansiven Operationen der Europäer mit echten Erfolgsaussichten ausgestattet waren. Das ist die Ära zwischen der Entdeckung Amerikas durch Kolumbus 1492 und der Etablierung der ersten globalen Weltwirtschaftsordnung mit dem Währungsabkommen von Bretton Woods, 1944. In ihr hat sich dank der europäischen Expansion das erste echte Weltsystem durchgesetzt. Wenn man Weltgeschichte als den Vollzug der Globalisierung definiert, dann wird auch der eben von Ihnen zitierte Satz plausibel: Geschichte ist die Erfolgsphase des Unilateralismus.

Sie meinen damit aber nicht das Ende der Geschichte, wie dies Francis Fukuyama in seinem Bestseller tat, sondern das Ende einer bestimmten Form von Geschichte.

In der Tat. Denn sobald das Gesetz der wachsenden Dichte sich bemerkbar macht, treten wir aus der unilateralen Form des geschichtlichen Geschehens heraus und gehen über in eine Welt, deren Rhythmus mehr durch das Gesetz der Wechselwirkung definiert ist als durch das Gesetz einseitigen Tuns: Der Globus ist keine europäische Kolonie mehr, vielmehr gilt jetzt: Die Welt ist alles, was postkolonial der Fall ist. Postkolonialität bedeutet im Grunde nichts anderes, als die Welt als echtes Multiagentensystem zu verstehen. Das Privileg der einstmaligen Entdecker

35 Dieses Gespräch zwischen Peter Sloterdijk und Guido Kalberer erschien unter dem Titel »Die Welt als großhelvetisches Experiment. Der Philosoph Peter Sloterdijk über die einsame Weltmacht USA, das politische Treibhaus Europa und den jahrhundertealten Globalisierungsprozeß« im *Tages-Anzeiger* (27. Mai 2005, S. 65 ff.).

und Eroberer hat sich in eine günstigenfalls partnerschaftlich gefärbte Mitspielerrolle in einem durch multiple Interaktionen bestimmten Weltgeschehen verwandelt.

Wäre nicht erst das, was jetzt geschieht, weltgeschichtlich zu nennen, während das, was vorher geschah, europäische Geschichte war?

Was heute geschieht, bildet nach dem eben Gesagten keine Geschichte mehr. Die Entstehung des Weltsystems liegt hinter uns. Also können die Dinge nicht mehr im Sinne des bisherigen Dramas geschichtlich sein. Das große Drama ist vorbei. Wir leben in einer Welt der Verträge und des internationalen Rechts und nicht in einer Welt der einseitigen, also geschichtemachenden Aktion. Das kann man auch an den Ausnahmen darstellen. Es gibt natürlich immer noch einseitige Aktionen, die heute jedoch als Anomalitäten auffallen.

Sie meinen die Politik der USA.

Ich denke an die USA, aber auch an den Terrorismus. Das sind die beiden großen posthistorischen Reklamationen des Dramas. Es handelt sich bei beiden um spät-unilaterale Projekte, ausgeübt von Personen, die nicht einsehen wollen, daß die Geschichte im traditionellen Sinn vorüber ist. Neoliberale und Terroristen wollen nicht begreifen, daß der *modus operandi* sich geändert hat. Wir sind aus der Zeit der Angriffe in die Zeit der Verträge übergegangen.

Wollen die USA das Alte wiederbeleben?

Die USA wollen die Erfolgsphase der Einseitigkeit verlängern – und nicht nur ich habe das Gefühl, daß das nicht funktioniert. Und zwar nicht nur aufgrund der Tatsache, daß man die falschen Mittel verwendet, sondern auch aufgrund der Tatsache, daß der ganze Denkansatz nicht mehr adäquat ist. Würden die Amerikaner eine etwas smartere Gewalt anwenden im Irak, wären sie weniger plump, würden ihnen weniger diplomatische Pannen passieren, würden ihre Soldaten weniger beim Foltern erwischt werden – ihre Politik wäre nicht weniger obsolet.

Können Sie dies erklären?

Der amerikanische Unilateralismus zeigt sich nicht nur in der Art und Weise, die Rolle des Weltpolizisten zu spielen, sondern auch darin, wie die Amerikaner heute ein hysterisches Sicherheitsprivileg einfordern: Sie insistieren auf vollkommen hyperbolischen Immunitätserwartungen. Es gibt bei ihnen nach wie vor ein Phantasma der Unangreifbarkeit – als Nation, als Kultur und als Reichtumszusammenhang, vor allem aber als große narzißtische Kollektivplastik. Eine im imaginären Raum aus psychischen Energien errichtete kollektive, soziale Plastik – eine Immunplastik, deren Angehörige für sich ein übermenschliches Maß an Unangreifbarkeit in Anspruch nehmen.

Der 11. September muß dann eine große narzißtische Verletzung gewesen sein?

In pragmatischer Sicht sind die USA unverwundbar: Stürzen zwei Hochhäuser ein, baut man eben zwei neue. Das System der Moderne verarbeitet Irritationen als Elastizitätstests. Die politische, architektonische und ökonomische Immunleistung des Landes ist enorm – 14 Tage nach den Anschlägen waren die ökonomischen Schäden mehr als kompensiert. Das Geld, das in den Türmen steckte, fehlt niemandem wirklich. Das System ist so verfaßt, daß man Ausfälle an der einen Stelle durch Gewinne an der anderen Seite sofort kompensiert. Nicht kompensiert werden konnte jedoch die Zerstörung der kollektiven narzißtischen Plastik – die ist implodiert und nur in einer hysterischen Rekonstruktion neu entstanden. Die gefällt uns nicht: Wir haben es jetzt nicht mehr mit einem liebenswürdigen, naiven Primärpatriotismus zu tun, sondern mit einem reaktiven Ressentiment-Nationalismus.

Ist dies eine Gefahr für die Weltpolitik?

Es wäre gefährlich, wenn das System dümmer wäre, als es ist. Anders gesagt: wenn die USA keine Interessen hätten. Im Unterschied zu Leidenschaften oder Kränkungen machen Interessen fast immer klug. Wer Interessen verfolgt, kehrt in die Gemeinschaft der berechenbaren Operateure zurück: Man muß sich den Partnern erklären. Die Schwerkraft der postunilateralen Situation ist groß genug, um auch die Amerikaner einzubinden, auch wenn diese immer wieder Geschmack finden am großen Solo. Da auch das moderne Weltkollektiv hin und wieder Bühnen für Solisten anbietet, kann man sich mit dem allmählich abklingenden Unilateralismus-Syndrom abfinden.

Sie klingen zuversichtlich.

Eines läßt sich mit Sicherheit sagen: Die postunilaterale Rationalität breitet sich als der eigentliche *modus operandi* der verdichteten Welt unaufhaltsam aus. Schon vor der Haustüre prallt man mit anderen Agenten zusammen: Es herrscht schon fast überall das Gesetz der gegenseitigen Begegnung und Behinderung. Vor dem systemlogischen Imperativ, über große Entfernungen zu interagieren, gibt es kein Entrinnen. Der Handlungsstil der heute maßgebenden Akteure wird postheroisch, das heißt, es kommen immer weniger Helden und Romantiker an die Macht. Der Postunilateralismus zieht den Postheroismus nach sich.

Ihr Zürcher Vortrag vom kommenden Freitag trägt den Titel: »Die einsame Weltmacht. Zur Kritik des US-amerikanischen Unilateralismus«. Isolieren sich die USA durch ihr Verhalten?

Sie isolieren sich, indem sie einen anachronistischen Politikstil praktizieren. Die Berater der amerikanischen Präsidenten sprechen die Sprache von Theatermachern, welche die Welt als eine große Dramenbühne betrachten, auf der immer noch Helden intervenieren können. Es sieht nicht so aus, als wäre dies eine adäquate Beschreibung der gegenwärtigen Situation.

Wieso nicht?

Früher gab es internationale Beziehungen. Heute ist die Welt interkantonal strukturiert. Es gibt keine Nationen mehr, es gibt nur noch Kantone, die das ersetzen, was man früher Nationen nannte. Ein Teil der europäischen Malaise gründet darin, daß die Menschen noch nicht verstanden haben, daß die Zukunft den Kantonen und nicht den Nationen gehört. In Europa – wie auf der Welt insgesamt – versucht man, ein großhelvetisches Experiment durchzuführen. Überall dort, wo das große Wohlfahrtstreibhaus seine klimatischen Verhältnisse und Bedingungen durchgesetzt hat, tritt eine Interkantonalverfassung ein.

Haben die Nationen abgedankt?

Nein, aber sie haben an Bedeutung verloren. Wir befinden uns in einer neuen Situation, in der die konföderierten Staaten von Europa entstehen: Diese basieren auf der unsichtbaren Gleichung von Nation und Kanton. Aber da wir den Begriff Kanton nicht benutzen, schon gar nicht in einem positiven Sinne, gibt es Mißverständnisse: Überall rennen diese aufgeschreckten Souveränisten herum und geben sich ihrer politischen Nostalgie hin. Immer wenn eine solche konföderierte Struktur im Auftauchen begriffen ist, bietet sich auch die Chance zu entdecken, daß es eine entlastete, eine schwache Form von Autonomie geben kann. Auf der höheren Ebene, an der Außengrenze des Verbundes, entstehen um so rigidere Abgrenzungen. Der Kanton selber wird zu einer relativ entpolitisierten, in einem guten Sinne öffentlichen Zone, in der ein hohes Maß an Zivilität eintritt: Man muß hier nicht mehr über Fragen von Sein oder Nichtsein diskutieren. Dies kommt einer Entlastung von den höchsten Formen des Politischen gleich. Im Binnenraum setzt sich – und das meine ich, wenn ich vom sozialen Treibhauseffekt rede – ein ganz anderer Modus des Realitätsmanagements durch. Während man an der Außenraumgrenze, wo die großen Schutz- und Immunsysteme wirksam sind, über Grundsätzliches streitet, streitet man im Innern nur noch über kulturelle Differenzen und Präferenzen, das heißt über Fragen der Moral und des Geschmacks.

Das heißt, es geht um Abschreckung einerseits und Verwöhnung andererseits.

Kapitalismus ist ein janusköpfiger Prozeß, der nach außen hin Härte erzeugt und nach innen hin verwöhnt mit künstlichen Tropen des Konsums. Man stellt die Temperatur im Innern des großen Genußtreibhauses relativ hoch ein, damit sich die Menschen in Orchideen oder sonstige Schling- und Verschlingpflanzen verwandeln. Nach außen hingegen stellt man sie tief auf Ungemütlichkeit ein. Dieses thermopolitische Netz ist die neue Biopolitik oder Anthropopolitik.

In Ihrem Buch bezeichnen Sie an einer Stelle die Globalisierung als Schicksal.

Ich weiß, der Schicksalsbegriff hat keine besonders gute Presse. Er evoziert eine Form von unwillkommener Passivität und appelliert an masochistische Strukturen – politisch meint er Unterwerfung, religiös Ergebung. Ich beziehe den Begriff aber auf eine für uns unverfügbare Tatsache: Die Erde ist eine Kugel, und Kugeln haben die unangenehme Eigenschaft, daß auf ihnen überall oben ist. Wenn überall oben ist, ist alles Fläche, wenn auch gekrümmte. Auf einer Fläche kann man jeden Punkt mit jedem anderen verbinden. Diese geometrische Grundvorstellung der Globalisierung ist noch nicht in den Köpfen der Menschen angekommen, vielmehr verhalten sich die meisten nach wie vor wie Bürger, die in Orten mit Stadtmauern leben – das heißt eben wie »Bürger« im wörtlichen und im psychopolitischen Sinn. Das Grundbild der Globalisierung ist aber die Tatsache, daß wir uns gegenseitig die Koexistenz auf der Oberfläche einer Kugel einräumen müssen. Darin steckt in der Tat etwas Schicksalhaftes.

Sie sehen auch in der Globalisierungskritik eine Bestätigung der Globalisierung.

Ich stelle die unvermeidliche Kritik an der Globalisierung nicht in Frage, ich naturalisiere sie bloß. Wie der Körper auf eine Infektion mit Fieber reagiert, so reagieren bestimmte imaginäre Systeme auf Invasionen mit Xenophobie.

Die Globalisierungskritik beinhaltet also auch ein regressives Moment?

Da diese Phase irgendwann überwunden sein wird, kann man von einer Kinderkrankheit sprechen. Dieser Begriff zeigt übrigens eine erbauliche Perspektive auf: Einerseits weist er auf eine unvermeidliche Reaktion auf eine unvermeidliche Irritation hin, andererseits ordnet er sie in eine Biographie ein. Wie unser Immunsystem zum Lernen durch die Umwelt verdammt ist, so ist auch unser Denken zum Lernen durch das Reale verurteilt. Das ist Evolution. Man kann nur vorwärts, nicht rückwärts leben.

3. Wir lebten in einer Frivolitätsepoche

Im Gespräch mit Paul Jandl[36]

Paul Jandl: Herr Sloterdijk, Ihr Buch Im Weltinnenraum des Kapitals *beschreibt die Entstehung der globalen Ökonomie im Zeichen der Seefahrt. Ist das, was wir gegenwärtig erleben, ein gigantischer Schiffbruch?*
Peter Sloterdijk: In den frühen Jahrhunderten der Globalisierung war der Schiffbruch der Inbegriff von Kapitalvernichtung. Man schickte Schiffe auf den Ozean, von denen man wußte, daß sie unter einem enormen Havarierisiko segeln. Bis heute läßt sich die Denkfigur *return on investment* auch nautisch darstellen. Ihr liegt die Vorstellung zugrunde, daß die entsandten Schiffe mit reichen Schätzen beladen zurückkehren: Das Geld läuft um die Erde und kommt vermehrt wieder an seinem Ausgangspunkt an. Darum steht der klassische Unternehmer am Hafen und schaut in den Risikoraum hinaus. Der große Profit hängt am schwimmenden Kapital. Aber zugleich mit der Bejahung des Risikos wurde die Vorsicht die Unternehmertugend *par excellence*. Von der war im letzten Jahrzehnt wenig zu spüren.
Viel Geld ist in den Untiefen der Derivate und Hypotheken versenkt worden.
Man darf bezweifeln, ob die Metapher des Schiffbruchs für das, was heute mit den Vermögen geschieht, noch plausibel ist. Seriöse Leute behaupten, daß von den realen Vermögenswerten gar nichts verschwunden ist. Es sind keine Schiffe gesunken, es müssen jetzt lediglich die surrealen Bewertungen revidiert werden, die während der letzten zehn Jahre die meisten ökonomischen Transaktionen verzerrt haben, insbesondere bei Betrieben, Immobilien und Kunstwerken. Die riesenhaften Pseudovermögen, die dabei »angehäuft« bzw. an der Börse fingiert wurden, sind auf einen sinn-

36 Dieses Gespräch zwischen Peter Sloterdijk und Paul Jandl erschien unter dem Titel »Wir lebten in einer Frivolitätsepoche« in der *Neuen Zürcher Zeitung* (29. November 2008, S. 49).

vollen Maßstab zurückzukorrigieren. In der amerikanischen Hypothekenkrise sind ja die Häuser nicht verschwunden. Die berühmten Realwerte sind alle noch vorhanden. Es spricht vieles dafür, daß sich die Dinge nach der Anpassung des sinnlos aufgeblähten Geldvolumens an die realwirtschaftliche Basis wieder einspielen. Es gab einfach zuviel Geld, das bloßes Spielgeld war, daher gab es massenhaft illusorische Wertberechnungen und haltlose Reichtumseinbildungen.

Viele sagen jetzt, sie hätten die große Krise kommen sehen.

Das war nicht schwer. Es gab im letzten Jahrzehnt ganze Bataillone von Kassandren, die immerzu auf die Labilität der Finanzmärkte hingewiesen haben, aber wer wollte das hören? Wir lebten in einer Frivolitätsphase. Man darf nicht vergessen: Die Moderne ist auf einem Parallelogramm antagonistischer psychopolitischer Energien aufgebaut: In dem ringen frivolisierende, leichtsinnig machende und den Konsum fördernde Kräfte unablässig mit den seriösen, sichernden und *down to earth*-orientierten Tendenzen. Solange die Frivolitätskonjunktur herrschte, war die Stunde der Kassandren nicht gekommen. Aber Kassandren werden ohnehin nie gehört, das Menschenrecht auf Leichtsinn läßt sich zu keiner Zeit unterdrücken.

So mancher Wirtschaftsnobelpreisträger bezweifelt nach den Ereignissen der letzten Monate, daß man in seinem Fach mit einem herkömmlichen Begriff der Rationalität weiterkommen kann.

Wenn das so ist, würde ich dafür plädieren, daß sie die Nobelpreise zurückgeben, denn die wurden fast alle für Arbeiten vergeben, die auf rationalistischen Idealisierungen und mathematischem Bluff beruhten. Man muß endlich auch die Wirtschaftswissenschaften als Wissenschaften vom Irrationalen rekonstruieren, als eine Theorie des leidenschaftsgetriebenen und zufälligen Verhaltens. Die Psychologie beschreibt den Menschen schon seit über hundert Jahren als *animal irrationale*. Etwas Ähnliches zeichnet sich jetzt langsam in den Staats- und Wirtschaftswissenschaften ab. Auch dort porträtiert man den Menschen zunehmend als ein Wesen, das sich so gut wie nie als vernünftiger Langzeitrechner verhält. Der wirkliche Mensch, wie er außerhalb der theoretischen Modelle erscheint, lebt durch die Leidenschaften, aus dem Zufall und dank der Nachahmung. Für aufklärerisch gesinnte Menschen enthalten diese Diagnosen starke Zumutungen. Wir wollen als vernünftig, organisiert, selbstdurchsichtig und originell gelten und sind in Wahrheit unberechenbar, chaosanfällig, trüb und repetitiv.

Braucht der Markt Regelungen? Ein Eingreifen der Staaten oder internationaler Finanzmarktbehörden?

Die Staaten treten jetzt als *business angels* für etablierte Firmen und Banken auf – man kannte diese Funktion bisher nur für Start-up-Unternehmen, denen man schutzengelhaft mit Risikokrediten unter die Arme greift. Im Grunde ist die Frage nach dem Staat in diesem Kontext absurd. Jeder nicht völlig verblendete Beobachter hat immer gewußt, daß ohne den rahmengebenden, regulierenden, aufsichtübenden Staat nichts geht, keine Eigentumswirtschaft, kein Markt, kein Kapitalgeschäft. Dank der Krise kommt jetzt der Staat endlich aus seinem Versteck. Er gibt wieder zu verstehen, daß er auch als Marktteilnehmer eine entscheidende Rolle spielt: nicht nur als Umverteiler, sondern auch als Bürge und Käufer letzter Instanz. Er ist in Wahrheit der einzige Multimilliardär, der imponiert. Dennoch war er vom Zeitgeist der letzten dreißig Jahre zum dummen August gemacht worden – und die Politiker, in der Mehrheit kleinbürgerliche arme Teufel, die von den Vermögenden eingeschüchtert wurden, vermochten nichts zu tun, um seine Drift in die Armseligkeit aufzuhalten.

Die Krise ist längst in der Realwirtschaft angekommen, Jürgen Habermas beklagt in der Zeit *eine »himmelschreiende soziale Ungerechtigkeit«.*

Ungleichheiten haben dort am stärksten zugenommen, wo sich der Staat am meisten einschüchtern ließ. Bei uns ging das so weit, daß der Staat unter dem Druck der Ideologien seine Definition als Hüter des Gemeinwohls vergessen hat. Er stellte sich ohnmächtig und verlor seine effektive Definition aus dem Auge. Unseligerweise mißversteht man den Sozialismus seit langem bloß als Parteiprogramm oder als soziale Bewegung, in Wahrheit ist der moderne Staat per se funktional sozialistisch oder besser semisozialistisch, so wie die moderne Gesellschaft per se kapitalistisch funktioniert. Aus der Verkennung dieser Sachlage durch die politische Klasse erklärt sich ein gut Teil der aktuellen Staatsschwäche. Man hielt den Sozialismus für historisch widerlegt und begriff nicht, daß er keine Ideologie ist, die kommen und gehen kann, sondern die funktionale Dimension der Staatlichkeit selbst darstellt, mit der das Gemeinwesen steht und fällt. Ein Politiker auf der Höhe wäre jemand, der den klaren Blick auf dieses Szenario besitzt. Er würde verstehen, daß der erfolgreiche Staat eine semisozialistische Agentur ist, die sich Jahr für Jahr die Hälfte des Bruttoinlandsprodukts holt, um ihre Ordnungs- und Umverteilungsaufgaben zu erfüllen. Das kann sie nur im Bündnis mit einer belastbaren Ökonomie, die sich die regelmäßige Schröpfung gefallen läßt. Bei einer Staatsquote um fünfzig Prozent ist die öffentliche Hand nicht so jämmerlich, wie sie seit langem tut.

Was kann die Politik tun, um eine Krise wie in den dreißiger Jahren zu verhindern?

Wir werden sehen, ob die massiven Staatshilfen und Konjunkturprogramme, die überraschenderweise über Nacht auf die Beine gestellt werden konnten, die gewünschten Wirkungen zeitigen. Ein positiver Effekt ist schon jetzt evident: Der dumpfe Riese Politik wacht auf. Inzwischen weiß man auch etwas besser als nach dem Schwarzen Freitag, wie man mit Panikökonomie und Abschwung umgeht. Im Alltag muß der Staat als Steuersouverän permanent den Balanceakt zwischen zwei gleich gefährlichen Suggestionen meistern. Die eine sagt: Erhöhe die Steuern, damit die Umverteilungsmasse wächst, die andere: Senke die Steuern, damit die Konjunktur in Schwung kommt. Aber das ist die Essenz der Moderne selbst – das ständige Hin und Her zwischen Entlastung und Wiederbelastung.

Es gibt altmodische Begriffe, die jetzt zu neuen Ehren kommen. Das »Gemeinwohl« wäre so ein Wort.

Das englische Wort *commonwealth* und das deutsche »Gemeinwohl« drücken die moralische Intuition aus, daß es Formen von Wohlergehen gibt, die man nur gemeinsam erlangt. Beide Wörter spielen auf eine immunsystemische Bedeutung des Sozialen an, in ihnen klingt der Zusammenhang zwischen Gesundheit, Wohlstand und Gemeinsamkeit mit. Leider sind in der Ära des eingeschüchterten Staats und der blühenden individualistischen Illusion Politiker selten, die hieran mit Autorität erinnern könnten.

Wie sehen Sie die Rolle Barack Obamas, des neuen amerikanischen Präsidenten?

Der britische Journalist James Forsyth hat die Sache auf den Punkt gebracht: »Barack Obama hat die Welt verändert, einfach indem er gewählt wurde.« Der Obama-Effekt war bisher ein rein performatives Phänomen. Der psychologische Bonus, der ihn mit ins

Amt gebracht hat, wird sich abschwächen, sobald die Arbeit begonnen hat. Er steht vor einem Gebirge von Problemen, und ob er so ein guter Kletterer ist, wie man hofft, läßt sich schwer vorhersagen. Doch anders als sein Vorgänger, bei dem man von vornherein wußte, er werde mehr Probleme schaffen als lösen, hat Obama Kredit als Problemlöser.

Wird die Krise bei den ökonomischen Eliten ein Umdenken auslösen?

Man redet heute viel zuviel von der Gier der Reichen. In meinem persönlichen Umgang mit großen Wirtschaftsleuten beobachte ich, daß die simple Psychologie des Bereicherungstriebs bei ihnen nicht greift. Von einem bestimmten Vermögensvolumen an ändert sich die psychische Dynamik, der wohlhabende Mensch wechselt von der Gier zum Stolz.

Was Sie sagen, gilt auch für die Oligarchen?

Es gibt natürlich auch einen Oligarchismus, der gierig und kläglich bleibt. Oder wie unsere Großmütter sagten: »Ein reicher Mann ist ein armer Mann mit viel Geld.« Für die Menschen, die ihren Wohlstand verinnerlicht haben, trifft diese Bemerkung aber nicht mehr zu. Sie führen den Beweis, daß Menschen ebenso Geber sein wollen wie Nehmer. Das Geben ist die Grundlage für die Ökonomie der Geltung, und wer Prestigekapital bilden will, muß als Geber auffällig werden. So entstehen philanthropische und kulturelle Engagements. Warren Buffett und Bill Gates, um nur die Reichsten zu nennen, haben sich in einem Akt kathartischer Selbststeigerung von einem großen Teil ihres Vermögens getrennt. Das sind keine kleinbürgerlichen Gier-Gesten, sondern neo-aristokratische Stolz-Gesten. Man muß sich davor hüten, die Vorgänge in der Welt des Reichtums immer nur durch die kleinbürgerliche Brille zu sehen.

4. Unruhe im Kristallpalast

Im Gespräch mit Frank A. Meyer[37]

Frank A. Meyer: Die Finanzkrise hat die Gesellschaft in allen Bereichen erreicht. Haben Sie denn irgend etwas kommen sehen oder geahnt? Gab es irgendwo einen Punkt, wo Sie als Philosoph gesagt haben: Das kann nicht gutgehen.
Peter Sloterdijk: Seit zwei Jahrzehnten schreibe ich Bücher, in denen der Kartenhaus-Charakter unserer Weltkonstruktion dargestellt wird, die durchwegs auf Krediten bei der Zukunft beruht. Hierfür habe ich verschiedene Metaphern bemüht. Ich habe von dem Kristallpalast gesprochen, der unsere Lebensentwürfe in eine zerbrechliche Hülle einfaßt. Ich habe von Schneeballsystemen gesprochen, die dem Selbstbetrug von Zinsenjägern zugrunde liegen, ich habe in meinem vorletzten Buch *Zorn und Zeit* über »Kollapsverzögerung in gierdynamischen Systemen« gehandelt. Es war nicht schwer, zu prognostizieren, was früher oder später geschehen mußte. Ich bin einer unter tausend Autoren, die im Augenblick überhaupt nicht überrascht sind. Wenn Sie die zeitgenössische Literatur überblicken und in den Zeitungen der letzten zehn Jahre blättern, sehen Sie: Es gibt sehr viele, die den Inflationsschwindel bemerkt hatten und jetzt, übrigens bemerkenswert untriumphal, feststellen, sie hätten seit Jahren vorhergesagt, was aktuell geschieht.
Aber dann stellt sich doch die Frage: Warum hat niemand reagiert? Ich möchte zu meinem Gewerbe noch etwas sagen: Wirtschaftsjournalisten waren es kaum, die kritisch waren. Herr Sloterdijk, Sie sagen, es gab viele andere. Warum hat man Sie nicht gehört? Nicht erhört?
Auf diese Frage gibt es zwei Antworten. Die erste heißt: Die Wirtschaftskommentatoren sind großteils »eingebettete Journalisten« –

37 Dieses Gespräch zwischen Peter Sloterdijk und Frank A. Meyer erschien unter dem Titel »Unruhe im Kristallpalast« in: *Cicero* (Januar 2009, S. 116-118).

sie schreiben dem Tagesbefehl gemäß und ziehen mit ihrer Truppe ins Feld. Für sie wären Argumente gegen den Mainstream beruflicher Selbstmord. Die zweite Antwort lautet: Die Handelnden auf dem Gebiet der Finanzmarkt-Spekulation leben völlig außerhalb der Hörweite der analytischen Intelligenz. Sie sind von ihren Spielen berauscht und haben keine freien Kapazitäten für alternative Gedanken. Soviel ich weiß, nahmen sich auch die Konquistadoren keine Zeit für Ethikseminare.

Warum konnten diese Playboys der Käseglocke entwischen? Hat das mit den neuen technischen Möglichkeiten zu tun? Während die Konquistadoren in einem begrenzten Raum operierten, ist im Internet der Raum aufgehoben. Und die Finanzströme können in einem Netzwerk, das nicht mehr überblickbar ist, frei floaten. Die Finanzströme jagen mit Lichtgeschwindigkeit rund um die Uhr und rund um den Erdball.

Wir erleben Vorgänge, die in ihrem ganzen Ausmaß erst durch unsere Nachkommen gewürdigt werden können. Summarisch gesprochen: Wir sind in ein Zeitalter der unmenschlichen Geschwindigkeiten eingetreten – und dieser Übergang läuft mitten durch unsere Lebensgeschichten. Wir nehmen an einer maßlosen Beschleunigung teil und besitzen nur ein konfuses Vorgefühl von dem, was wirklich mit uns geschieht. In zwei oder drei Generationen wird man deutlicher sehen. Die bis gestern geltenden Spielregeln der Menschheitsgeschichte, die Maßstäbe, unter denen sogar die Bildung von Großreichen stand, ließen nur eine Welt der menschlichen Geschwindigkeiten zu, allenfalls von Pferdegeschwindigkeiten. Als im 15. Jahrhundert die Hochseeschiffahrt aufkam, reiste man in einem Tempo, das noch nicht unmenschlich war, selbst im Sturm wurden die Schiffe nicht übermäßig schnell. Kurzum, die gesamte bisherige Menschheitsgeschichte war eine Ära der geringen und mittleren Geschwindigkeiten. Innerhalb kürzester Zeit, mit der Elektronisierung des Weltverkehrs in den letzten 30 Jahren, sind wir in einen Modus von Welterzeugung hineinkatapultiert worden, auf den niemand vorbereitet sein konnte. Durch die überschnellen Medien entstand die Synchronisierung des Weltsystems, und auf ein Leben in Gleichzeitigkeit mit allem übrigen sind wir logisch und biologisch nicht vorbereitet. Synchronwelt heißt zunächst zweiter Dschungel, zweiter Wildwuchs, zweite Externalität. Zeitweilig hegte man den Irrglauben, man hätte bereits alles Äußere ins Treibhaus der Zivilisation integriert, doch die elektronischen Geschwindigkeiten sind der Zivilisierung enteilt. Die Externität ist noch nicht besiegt.

Könnte man sagen, daß der Spielrausch, mit dem jetzt Billionen verzockt wurden, etwas Wahnhaftes hat: Und wir akzeptieren das, denn wir reden von »Spielern« und nicht von »Übergeschnappten«.

In einer Inflationskultur können die Menschen nicht so verrückt sein wie das System. Der Wahnsinn ist offenbar aus den Personen ausgelagert worden, als hätte man ein Verfahren gefunden, Verrücktheit zu externalisieren. Das mag einer der Gründe sein, warum ich vom Verlauf der Krise so enttäuscht bin. Man fühlt sich inmitten der planetarischen Turbulenz um das wirkliche Drama betrogen. Da ist nicht eine einzige Figur aufgetreten, die die Krise personifiziert, kein farbiger Schurke, kein Shylock. Neben Alan Greenspan ist Onkel Dagobert ein Charaktertitan. Noch nie habe ich eine solche Horde von bleichen Unpersonen beisammen gesehen. Was heute Krise heißt, ist die Weltverschwörung der Spießer. Diese vorgeblich heftigste Wirtschaftskrise der jüngeren Geschichte: Sie ist die spießigste und muffigste Angelegenheit, die sich seit Menschengedenken zugetragen hat. Die Art und Weise, wie regierende Hausmeister im Dunkeln Mega-Milliarden hin und her schieben, ist eine Beleidigung für jede Intelligenz. Demgegenüber waren der Schwarze Freitag und die Weltwirtschaftskrise nach 1929 ein Shakespeare-Drama. Heute sehen wir nur noch Aktenkofferträger in viel zu hohen Positionen, die hinterm Schalter große Politik machen. Obendrein redet man immerzu von der Gier, als ob sie die Vorgänge auch nur von fern erklärte. Die Wahrheit ist, der vielzitierte Bereicherungstrieb spielt in der Angelegenheit eine völlig untergeordnete Rolle. Es ist nicht die Gier, die das System antreibt, die Fehlsteuerung geht von den Zwängen des Billigkreditsystems aus: Wenn die Zentralbanken kostenloses Geld ausspucken, wäre es für echte Global Player ruinös, es nicht zu nehmen. Im übrigen könnte man behaupten, in jedem Europäer steckt ein Inflationist: Seit dem Beginn der Neuzeit hat sich in den Menschen Europas und Amerikas das Märchenmotiv vom leistungslosen Einkommen mit archetypischer Gewalt festgesetzt. Von unserer psychischen und kulturellen Struktur her sind wir Schatzsucher, die den Schatz nicht mehr im Jenseits, sondern auf der Erde vermuten. Wenn es um Reichtum geht, neigen wir zum Wunderglauben – daneben sind mittelalterliche Menschen pure Rationalisten. Unzählige meinen allen Ernstes, das Leben sei ihnen einen Schatzfund schuldig.

Es gibt eine Wunderformel, die alles, was wir gemeinhin unter Moral und ethischen Regeln verstanden, überflüssig gemacht hat, nämlich den Satz: »Wenn jeder nur an sich denkt, ist an alle gedacht.« Nach diesem Grundsatz funktioniert das System, wie Sie es beschreiben – das Spießer-System, das sich autodidaktisch vervollkommnet. Die Moral wird dann systemimmanent. Man braucht keine Gebote und Verbote mehr.

Immerhin, die Auslagerung der Moral in die Selbstregulierung des Marktsystems war ein Versuch der modernen Menschheit, sich von der religiösen Ethik zu emanzipieren. Die kybernetische Moral, die Ethik der unsichtbaren Hand – sie hat die bürgerliche »Gesellschaft« von der lästig gewordenen göttlichen Nabelschnur abgeschnitten, die uns an ein von oben gegebenes Gesetz gebunden hatte ...

Die Zehn Gebote!

... die Zehn Gebote oder die goldene Regel oder was auch immer. Das frühe 20. Jahrhundert hat sich vor allem dadurch ausgezeichnet, daß es das fünfte Gebot kaltblütig außer Kraft setzte: Du sollst nicht töten. Faschismus und Kommunismus haben gemeinsam, daß sie im Namen einer besseren Zukunft für Rassen- oder Klassenkollektive Großtötungslizenzen in Anspruch nahmen. Die aktuellen Versuche, sich von den Zehn Geboten zu emanzipieren, beziehen sich auf die Eifersuchtsverbote, die in den Zehn Geboten fünfmal wiederholt werden: »Du sollst dich n i c h t lassen gelüsten nach dem, was dein Nachbar hat, nach seiner Frau, seinem Besitz, seinem Ochsen und Esel usw.« Heute heißt die Regel umgekehrt: »Du sollst begehren, was andere schon haben, und falls legale Wege nicht zum Ziel führen, dann sollst du stehlen bzw. umverteilen.« Der amoralische Äther unserer Kultur verlangt die Umkehrung der Diskretionsgebote. Darum sollst du, wenn möglich, die Ehe brechen, das lockert die Stimmung und stimuliert den Konsum. Seit dem späten 19. Jahrhundert ist die Erotisierung unserer Kultur mit der wirtschaftlichen Liberalisierung verknüpft. Die eine Lizenz zieht die andere nach sich.

Ist durch diese neuen Vorzeichen vor den Geboten nicht etwas pas-

siert, das noch tiefgreifender ist als die Unmoral der totalitären Ideologien? Faschismus und Kommunismus waren Unmoral im totalitären Stil. Das Verbrecherische daran war unmittelbar zu erkennen. Was wir jetzt erleben, ist nicht mehr direkt als Unmoral erkennbar, es scheint nicht mehr unmoralisch – es ist amoralisch. Es gibt keine Grenzen mehr, die man überschreiten muß und die einen behindern, wenn man sie überschreitet.

Den Unterschied zwischen Unmoral und Amoral sollte man näher erklären. Alle hochkulturelle Moral hängt letztlich an der Tiefe der Verinnerlichung des Tötungsverbots. Es muß mit allen Mitteln einverleibt werden – christlich gesprochen mit Furcht und Zittern, polynesisch gesprochen durch das Tabu. Wer sich über dieses Verbot hinwegsetzt, behält ein Unrechtsbewußtsein – und wo dieses fehlt, ist die Kultur zerfallen. Man darf aber nicht übersehen, daß es neben dem Tötungsverbot überall auch ein zweites Ur-Verbot gibt, nämlich das Verbot der aktiven und der passiven Eifersucht: Du sollst weder begehren, was andere Menschen haben, noch andere Menschen eifersüchtig machen auf das, was du hast und was dich auszeichnet. Dieses Gebot stellt die wichtigste psychosoziale Hygiene-Regel in allen Zivilisationen dar, es wurde in einer jahrtausendelangen moralischen Evolution erarbeitet – es ist die Regel, durch die das Aufflammen der Gewalt verhindert wird. René Girard hat diese Zusammenhänge in seinen Studien über den Zweikampf und die mimetische Rivalität in den Weltkulturen durchleuchtet. Wenn man hingegen, wie wir es tun, die Eifersuchtskonflikte systematisch aufheizt, um das Betriebsklima einer »Konsumgesellschaft« herzustellen, sind früher oder später moralische Desorientierung und psychische Inflation die Folge. Folglich müssen wir versuchen, entweder den Reichtum zu teilen oder, wenn er schon ungleich verteilt sein soll, ihn diskret zu machen und wenn möglich durch Mehrleistung zu rechtfertigen. Heute hingegen hat sich ein Fortuna-Kult durchgesetzt, mit dem die Göttin des Zufalls gefeiert wird. Was aber ist ungerechter als der Zufall? Im Grunde genommen leben wir seit dem 19. Jahrhundert in einer neofatalistischen Religion, in der man eine launenhafte Göttin, die Freundin der Sieger, anbetet. Sie ist die Göttin der Stadien, die Göttin der Börsen und die Göttin der erotischen Duelle, sie ist immer zur Stelle, wo es Sieger und Verlierer gibt. Ihre auffälligste Eigenschaft ist, daß sie nie sagt, warum sie den einen bevorzugt und den anderen ignoriert. Begründungen sind nicht ihre Stärke.

Diese neue Ideologie folgt dem geheimen Wahlspruch: Ich brauche die Gesellschaft nicht mehr. Wer zu denen gehört, die die Gesellschaft noch brauchen, denkt auf dem neu gepflasterten Gehsteig: Den bezahle ich mit meinen Steuern. Wir begegnen dem, wofür wir bezahlen, jeden Tag: Öffentliche Gebäude, Parkanlagen, Straßen, Schulen. In den vergangenen 25 Jahren hat sich weltweit eine verwöhnte Schicht herangebildet, die so viel besitzt, daß sie sich sagt: Ich lebe in meiner eigenen Gesellschaft, ich habe für meine Kinder meine eigene Schule, ich genieße meinen eigenen Park.

Die Auswanderung der Wohlhabenden ist ein globaler Trend. Wenn der Sozialismus bzw. das Gemeinwohldenken gescheitert sind, wie man frivolerweise behauptet, bleibt der Asozialismus. Den diskutieren wir zumeist unter dem etwas höflicheren Begriff Individualismus, und zu dem bekennen wir uns meistens gerne. Aber was sind konsequente Individualisten? Es sind Menschen, die ein Experiment darüber veranstalten, wie weit man beim Überflüssigmachen sozialer Beziehungen gehen kann – und sie gelangen dabei zu erstaunlichen Fortschritten. Deswegen beginnt im Augenblick auf der Erde ein soziologisches Experiment, das in einer neuen Art Menschheit resultieren könnte. Die Reichen sind zur Zeit noch eine Klasse und keine Spezies, aber sie könnten es werden, wenn man nicht aufpaßt. Es dürfte zur Zeit auf der Erde rund zehn Millionen Menschen in der Millionärs- und Multimillionärskategorie geben, dazu schon über tausend Milliardäre. Aus diesen Vermögenseliten bildet sich ein neues abstraktes Übervolk, das dieselben Eigenschaften aufweist, die man vom alten europäischen Adel kannte: Sie denken kosmopolitisch, sie reisen viel, sie leben mehrsprachig, sie sind gut informiert und beschäftigen die besten Berater, sie reden ständig über Beziehungen, Sport, Kunst und Essen. Beim Volksthema Sex bleiben sie diskret.

Das ist die neue Feudalklasse. Eine Klasse, die über neue Machtmittel gebietet: Früher verfügten die Feudalherren über Ländereien, samt Dörfern und Menschen. Heute verfügen sie über Unternehmen, samt den Menschen.

Der amerikanische Autor Jeremy Rifkin hat vor ein paar Jahren ein Buch vorgelegt unter dem Titel *Access*, das indirekt die Entstehung des neofeudalen Systems behandelt: Wir ersetzen, so seine

These, heute Grundbesitz durch Zugang zu privilegierten Gütern, zu wertvollen Informationen, zu Luxusobjekten, zu elitären Adressen, zu exquisiten Kanälen und machtnahen Korridoren. Zugangskompetenz ist heute das Schlüsselgut, nicht Grundeigentum. Wir beobachten eine rasante Refeudalisierung auf überterritorialem Niveau. Und naturgemäß lebt niemand feudaler als jemand, der innerhalb des neuen Meta-Volks, des Zehn-Millionen-Volkes der Reichen, von gleich zu gleich kommuniziert.

5. Verschwendung für alle

Im Gespräch mit Holger Fuß[38]

Holger Fuß: Herr Professor Sloterdijk, auf den Straßen wimmelt es von Menschen mit Kopfhörern, die Musik hören oder in ihr Handy schwatzen. Die Generation Twitter hockt am Computer und plappert sich durchs Internet. Anläßlich der Abwrackprämie haben Psychologen bereits die erotische Komponente des Autokaufs entdeckt. Sie selbst haben das Autofahren einmal »eine Weltreligion« genannt. Warum sind Menschen von Technik derart fasziniert?
Peter Sloterdijk: Ich denke, wir leben in einer Frivolitätsära, die selber erst durch Technik ermöglicht wird. Frivolität bedeutet, daß die Antigravitation einen Etappensieg davongetragen hat über die alten Schweregefühle.
Die Schweregefühle – das war der ernsthafte Zeitgeist der gesellschaftspolitisch engagierten sechziger, siebziger und achtziger Jahre, der seit den neunziger Jahren durch Hedonismus und Spaßgesellschaft verdrängt wurde?
In den vergangenen zwanzig Jahren haben die technischen Möglichkeiten der Realitätsabschaffung durch Antigravitation einen deutlichen Schritt nach vorne gemacht. Und das schlägt sich psychologisch nieder in Lebensformen, die weitgehend auf Technik basieren und die ein beispielloses Ausmaß an Inselbildung ermöglichen.
Auf diesen Inseln schotten wir uns ab und werden zunehmend autistischer?
Ich würde hier nicht so schnell den Autismusbegriff verwenden. Wir haben es ja mit kommunikativen Formen der Inselbildung zu tun. Die Menschen ziehen sich zwar in ihre sogenannten Eigenräume zurück, aber diese Räume sind in der Regel gut vernetzt. Sie haben, anders als die berühmte Leibnizsche Monade, viele Fenster.

38 Dieses Gespräch zwischen Peter Sloterdijk und Holger Fuß erschien unter dem Titel »Die Welt da draußen und unsere kommunikativen Utopien« in: *Psychologie heute* (10/2009, S. 60-65).

Beim Philosophen Gottfried Wilhelm Leibniz im 17. Jahrhundert war das Universum aus unzähligen körperlichen und geistigen Einzelsubstanzen aufgebaut, den sogenannten Monaden, die jede für sich existieren, ohne Wechselwirkung miteinander.

Das Monadenkonzert kam einzig durch Gottes prästabilierte Harmonie zustande. Hingegen müssen die aktuellen Monaden, die Menschen in ihren Weltinseln, den Zusammenhang mit anderen in eigener Aktivität herstellen. Deswegen ja auch dieser ungeheure Akzent auf dem Wort Kommunikation, das allen sensibleren Zeitgenossen längst zum Halse raushängt – gleichwohl beschreibt es eine ununterdrückbare Realität. In den Prozessen der Inselbildung in den postmodernisierten Gesellschaften haben die technischen Medien eine so herausragende Bedeutung gewonnen, weil sie es den Menschen nämlich erst ermöglichen, den Welteffekt hervorzurufen, den ihre Insel erreichen muß. Die Menschen haben Welt in dem Maße, wie sie von etwas relativ Vollständigem umgeben sind.

Jede Insel soll demnach eine Welt in Miniaturformat darstellen?

Jede Insel ist ein Weltmodell. Und ein Modell muß alles repräsentieren, was eine Welt zur Welt macht, es bedarf also einer Art ontologischer Vollständigkeit. Also haben wir da die Anbindungen an die Arbeitswelt und die Verknüpfungen zur menschlichen Mitwelt – meine Monade hat so viele Fenster, wie Namen in meinem Adreßbuch stehen. Sie hat aber nicht nur Fenster, sie hat auch Türen, die mich als bewegten Körper aus meiner Insel entlassen und mir einen Besuch auf anderen Inseln ermöglichen. Wobei ich sehr häufig auch fahrende Inseln benutze, denn die modernen Automobile entwickeln immer mehr Eigenschaften von Transportinseln, die zwischen stationären Inseln pendeln.

Aber weshalb neigen wir überhaupt zur Inselbildung? Ist es die wachsende Komplexität und Unübersichtlichkeit heutiger Gesellschaften, die uns Menschen zum Rückzug veranlaßt?

Ich würde das anders ausdrücken. Wir können sowieso nicht »da draußen« sein. »Welt« ist kein gültiger Name für einen realen Aufenthaltsort. Das ist zugleich mein Einwand gegenüber Martin Heidegger und seinem Ausdruck »In der Welt sein«, der eine grenzenlose ontologische Ekstase bezeichnet. Wir müssen diese Wendung abmildern zu dem Begriff »In Sphären sein«.

Weil wir niemals vollständig in der Welt sind?

Das wäre völlig unmöglich. Erst die bewohnte Sphäre liefert die

Zwischengröße zwischen der totalen Ekstase in der Welt und der totalen Enstase im Kokon. Der völlig kokonisierte Mensch wäre derjenige, der dem »In der Welt sein« die vollkommenste Absage erteilt hätte und dem es gelungen wäre, sich auch in der Erwachsenenposition wieder sozusagen zu fötalisieren. Er zwingt die Mitwelt, Mutterschoßeigenschaften zu entwickeln.

Dann benötigen Menschen die Sphäre, die Zwischengröße zwischen Welt und Kokon, aus dem Bedürfnis nach Sicherheit oder gesteigertem Selbstwertgefühl?

Ich glaube nicht, daß die Sphäre das Selbstwertgefühl steigert. Aber sie steigert die Wahrscheinlichkeit, daß der Mensch nicht sofort verletzt wird, wenn er sich hinausbegibt. Ich würde lieber von Geborgenheit sprechen. So wie Marcel Proust angeblich ein Jahrzehnt lang sein Bett nicht verlassen hat, weil er in seinem Schlafzimmer seinen Kosmos gefunden hatte.

Das klingt nach einem eher regressiven Verhalten.

Man muß mit dem Ausdruck »regressiv« vorsichtig umgehen. Wenn wir beim Beispiel Proust bleiben – er war ja gleichzeitig einer der größten Weltbaumeister der Moderne. Die Kompetenzen der modernen Individuen als Weltenschöpfer werden gerade durch den Rückzug aus der permanenten Übersozialisation freigesetzt und gesteigert.

Auch wenn die Menschen als soziale Wesen gelten, fühlen sie sich doch häufig von anderen bedrängt?

Die Standardlebensformen der Menschen in allen Kulturen neigen immer dem Pol der Übersozialisierung zu. Das ergibt die stammeshaften Modi des Zusammenlebens, wo Sie im Monat kaum ein paar Stunden für sich allein haben. Seltsamerweise haben heute viele Menschen eine illusorische Sehnsucht nach dieser Situation, in der man die ständige Anwesenheit von anderen empfindet. Auch Übersozialisation macht süchtig. Es gibt Menschen, die können es keine paar Stunden allein aushalten. Sie werden nervös, wenn sie nicht sofort jemanden an die Leitung kriegen. Die Wahrheit aber ist, daß die meisten Menschen die ständige Anwesenheit der anderen eher nicht wünschen und die erste Gelegenheit ergreifen, sich von ihr zurückzuziehen. Die explosive Tendenz zur Entsozialisierung, die man in der Gegenwart bemerkt, drückt etwas von einem Bedürfnis aus, das von alters her in den Individuen vorhanden war.

Und diese Tendenzen werden von den modernen Technologien unterstützt?

In meinen Augen erzeugt der Kapitalismus so etwas wie eine Anthropodizee, das heißt, er holt an den Menschen Wesenszüge hervor, die latent immer schon angelegt sind. Zum Beispiel die antisoziale Tendenz. Durch die moderne Technologie wird ein einzigartiges Experiment möglich, in dem beide Grundstrebungen, die soziale wie die antisoziale, neu ausbalanciert werden. Wir haben auf der einen Seite fabelhafte Rückzugsmöglichkeiten, also zahlreiche architektonisch und technologisch neu ermöglichte Chancen zur Inselbildung. Auf der anderen Seite erleben wir durch die Telekommunikationstechnologie eine phantastische Chance, interinsulare Lebensformen aufzubauen, somit eine Art Sozialismus zweiter Ordnung per Telefon.

Ist das eine Utopie, die Sie am technischen Horizont aufscheinen sehen?

Nicht wirklich. Die Telekommunikation hat ihr utopisches Potential nach meiner Einschätzung bereits weitestgehend ausgeschöpft. Die einzige utopische Steigerung, die sich noch konzipieren ließe, wäre die Entmaterialisierung der Kommunikation bis zur direkten Gedankenübertragung. Das wäre die praktische Wahrmachung des magischen Motivs von der *actio in distans*, der Wirkung in der Ferne, das Fernwünschen, Fernfluchen, Fernoperieren. Die andere Utopie, die auf sich warten läßt, wäre die Erschließung einer nicht endlichen Energieressource.

Der Menschheitstraum von Energieverschwendung ohne Reue.

Richtig. Denn was wir seit der Weltfinanzkrise 2008 empfinden, ist doch so etwas wie die Rückkehr des Realen, das heißt eine Rückkehr zum Mangel, zur Knappheit, zum Bankrott. Diese Knappheit kommt ja auch darin zum Ausdruck, daß wir allesamt von den endlichen Derivaten des Erdöls leben, also von der konservierten Sonne des Erdaltertums. In unserem Zeitalter wird die gesamte Kultur durch fossile Sonnenenergie energetisiert und motorisiert. Eine der erstaunlichsten Leistungen unserer Zivilisation besteht offenkundig darin, daß es uns gelingt, die Sedimente von Jahrmillionen in hundert Jahren wegzupusten. Diese Mobilmachungsleistung ist noch nicht genug gewürdigt worden. Sie ist das Hintergrundfeuerwerk der gegenwärtigen Zivilisation, das wir schon gar nicht mehr bewußt wahrnehmen.

Würden wir uns die vergangenen Jahrmillionen der Erdgeschichte im Schnelldurchlauf auf der Kinoleinwand anschauen, würden die letzten hundert Jahre wie eine Explosion wirken.

Und das erstaunlichste daran ist, daß dieses Feuerwerk es fertigbringt, sich als eine seriöse und gesetzte Realität zu präsentieren.

Als ob es niemals anders gewesen wäre.

Genau. Doch in Wahrheit sind wir alle Feuerwerker. Wonach wir künftig suchen, ist eine technische Utopie für die Ära der Postfossilität, ein Energiesystem, das den Feuerwerkscharakter des modernen Modus vivendi stabilisiert und sogar noch potenziert – ohne die fatalen ökologischen Probleme heraufzubeschwören, die mit der Fossilkultur verbunden sind. Diese Utopie könnte nur dadurch verwirklicht werden, daß die Menschheit, vertreten durch ihre technische Avantgarde, das Projekt der technologischen Moderne fortführt – welches seit der Russischen Revolution lautet: Sieg über die Sonne.

Woran bereits fieberhaft geforscht wird.

Beispielsweise soll im Fusionsreaktor-Forschungszentrum in Cadarache in Südfrankreich ganz ernsthaft an der Sonnenmaschine gearbeitet werden – auch wenn die Kernfusion letztlich physikalisch nicht ganz dasselbe sein wird wie die Prozesse, die im Inneren der Sonne ablaufen. Der Sache nach ist die Moderne eine heliotechnische Unternehmung. Und daran hängt die utopische Valenz des 21. Jahrhunderts und des Modus vivendi einer voll dynamisierten, hyperkonsumistischen Menschheit.

Würde eine solche utopische Technologie einer unbegrenzten Energiegewinnung am Lebensgefühl der Menschen etwas verändern?

Ich glaube, es würde zumindest einen entscheidenden Zug beibehalten vom alten Lebensgefühl der fossilenergetischen Feuerwerkszeit: Nämlich dieses Empfinden, daß die Energiebilanz des Einzellebens grenzenlos negativ sein darf. Das heißt, es fließt dem Menschen aus einer nicht näher identifizierten Quelle unerschöpflich Energie zu. Im übrigen würden dann immer mehr Menschen lernen müssen, mit Überfluß umzugehen. Und das ist psychologisch sehr, sehr schwierig. Denn in dem Augenblick, wo die Menschen mehr haben als das Nötigste, fangen sie an, sich zu vergleichen mit solchen, die noch mehr haben. Daraus entwickeln sie Mangelgefühle zweiter Ordnung, die aus dem Vergleich stammen. Der Mangel erster Ordnung wird in der Wohlstandskultur außer

Kraft gesetzt – um so wütender wird er als Mangel zweiter Ordnung wieder eingeklagt.

Und wie entkommen wir dieser Falle?

In dieser Situation muß in der modernen Kultur die Funktion Weisheit eingreifen. Ich bin sicher, so etwas wie ein Auftauchen einer neuen Weisheitskultur steht unmittelbar bevor. Sie setzt genau an der kritischen Alternative an: Entweder begreifen die Menschen ihre postmaterielle Chance, oder sie fallen auf das sozialpsychologische Teufelswerk eines Mangels zweiter Ordnung herein, der gegenwärtig an allen Fronten der Gesellschaft aufgeheizt wird.

Inwiefern aufgeheizt?

Auf der einen Seite ist die materielle Sättigung erreicht, und das Mehrwollen wird nur noch durch eine künstliche Mangelideologie weiter gesteigert. In dem Moment, wo viel vorhanden ist, kann man natürlich unendlich viel nachfordern. Wer da nicht aufpaßt, gerät in die Unzufriedenheitsfalle, die gerade in der Reichtumskultur so weit aufklafft wie nie zuvor. Was man schon daran erkennt, wie in der reichen Welt Armut definiert wird. Wer weniger als sechzig Prozent des sogenannten Durchschnittseinkommens bezieht, gilt hier als arm. Ein vollkommener Wahnsinn, wenn man bedenkt, wie die Verhältnisse in der Sphäre der absoluten Armut sich darstellen, also in der Sphäre der Bedürfnisse erster Ordnung.

Sie plädieren ja dafür, daß der Mensch nicht einfach dahinlebt, sondern sein Leben »führt«. In Ihrem jüngsten Buch Du mußt dein Leben ändern *findet sich die ironische Bemerkung, »wie es kommt, daß […] unzählige Menschen, vor allem in den Suchtzonen des Westens, eher einen unführenden und ungeführten Eindruck machen.«*

Na gut, die moderne Massenkultur exekutiert die Tendenz zur Veräußerlichung der Innenwelten. Wir haben eine mediale Bilderwelt geschaffen, die dem einzelnen die Traumarbeit, die mythologische Arbeit abnimmt, indem sie fertige Traumbilder für die fehlenden eigenen Imaginationen anbietet. Wer sich dem entziehen will, kann nur durch eine Art Roß-und-Reiter-Spiel in bezug auf sich selbst in die dominierende Position kommen. Ein Leben führen heißt ja nichts anderes, als daß sich die Person gegenüber ihrem vitalen Grund sozusagen in den Sattel schwingt und das eigene Leben in Roß und Reiter aufspaltet. Der Reiter wäre also derjenige, der das Leben führt, und das Leben selber ist das geführte Roß.

Also die altmodische Tugend der Selbstbeherrschung?

Wir finden solche Metaphern bereits bei Platon, wenn er in der *Politeia* sagt, daß eine innere Aristokratie dem inneren Mob Zügel anlegen müsse, damit nicht das viele Schlechte in uns an die Macht kommt, sondern das wenige Gute. Wir haben es mit einem über 2000 Jahre sich hinstreckenden Kontinuum an Selbstbeherrschungsmetaphern zu tun, die notwendigerweise dann auftreten, sobald beobachtet wird, daß es in höheren Kulturen nicht mehr genügt, einfach so heranzuwachsen, sondern daß regelrecht Erziehung stattfinden muß.

So, wie ich zur Welt komme, passe ich nicht in sie hinein.

Darum entsteht das Reich der Pädagogen, in dem wir seit der Antike leben und das heute durch die Psychologen ergänzt wird. Es beweist, daß die traditionelle Passung zwischen den Kulturen und den Individuen verlorengegangen ist. Vor allem jene, die höhere Leistungen erbringen sollen, müssen einen jahrzehntelangen Anpassungsvorgang durchlaufen, sie müssen so lange geschliffen werden, bis sie imstande sind, die unwahrscheinlichen Leistungen zu erbringen, die die höheren Kulturen von ihnen erwarten.

Sie hingegen propagieren die Selbsterziehung – von einem passiven Dasein hin zum aktiven Dasein.

Ich propagiere nicht, ich stelle fest: Die Verwandlung der Welt in ein Trainingslager ist seit 3000 Jahren im Gang – und die Ära der Globalisierung wird dieses Merkmal noch verstärken.

Wie kommt es eigentlich dazu, daß wir so leicht in ein passives Dasein rutschen?

Es gibt beim Menschen keine ursprüngliche Passivität. Wie alle Lebewesen ist der Mensch zunächst und zumeist innerhalb seines Wirkungskreises ganz auf Tätigkeit ausgelegt.

Wir kommen also nicht träge auf die Welt?

Ganz im Gegenteil. Jedes Lebewesen ist der Höhepunkt einer Erfolgsgeschichte des Etwas-tun-Könnens, einer Ausdehnungsgeschichte von Kompetenzen und Kräften und Ausgriffen. Aber es gibt in den menschlichen Kulturen die bedauerlicherweise schon sehr alten politischen und psychosozialen Mechanismen, die die Individuen unter ihre Möglichkeiten drücken: jahrtausendelange

Versklavungen, jahrtausendelange Niederlagen der Intelligenz, an denen die sogenannten religiösen Überlieferungen ein gut Teil der Mitschuld tragen. Denn in den religiösen Seelensteuerungssystemen ist viel Entmutigungsmythologie enthalten, es wird in ihnen oft eine gefährliche Unterwerfungs- und Schwächungsmythologie überliefert. Überdies haben wir in den Hochkulturen gut 3000 Jahre Welt- und Lebensverneinung zu verbuchen. Die Umstellung der Spiritualität auf Bejahungswerte ist erst vor wenigen Jahrhunderten erfolgt.

Was meinen Sie damit?

Die expansiven Weltreligionen, vor allem Buddhismus und Christentum, aber auch der Hinduismus, waren zumeist ganz unmißverständlich Doktrinen der Welt- und Lebensverneinung. Erst vor relativ kurzer Zeit, in Europa vielleicht beginnend mit der Renaissance und eigentlich erst mit der Aufklärung im 18. Jahrhundert, wurden die Vorzeichen von Minus auf Plus umgestellt.

Was habe ich mir unter dieser Umstellung genau vorzustellen?

Es ist im wesentlichen der Übergang von einer Metaphysik des Mangels auf die gelassene Feststellung der Fülle. Diese Kehre zu einer Weltauffassung im Geist des Fülledenkens hat in jüngerer Zeit das Denken in planetarischem Maßstab verändert. Aufgrund dieser Umstellung auf Lebensbejahung ist Friedrich Nietzsche eine Jahrtausendfigur. Sein großes Anliegen ist es gewesen, die Selbstlosigkeitsaskesen, die Welt- und Lebensverneinungsübungen zu ersetzen durch Steigerungs- und Kreativitätsaskesen sowie durch Übungsformen der Welt- und Lebenszugewandtheit. Er hatte begriffen: Die Welt ist kein Ort, der von sich aus zur Magersucht einlädt.

Speist sich von dorther auch Ihre Utopie einer nicht endlichen Energieform? Geht damit ein Lebensgefühl einher, daß die Welt sozusagen ein fruchtbarer Schoß ist, ein Ort, der uns willkommen heißt, von dem wir uns nicht bedroht fühlen müssen, sondern mit dem wir geradezu flirten können?

Man muß lernen, den Reichtum als neue Grundgegebenheit zu erfassen. Doch eine Reichtumskultur braucht Weisheit im Hinblick auf ihre internen Gefährdungen – sie muß wissen, daß alles, was an Reichtum hinzugewonnen worden ist, im Nu durch die Wettbewerbe der Unersättlichkeit entwertet werden kann.

Wie gehe ich als individuell übender Mensch praktisch vor? Wie ent-

rinne ich meinem passiven Dasein zu einer aktiven Existenz? Wie ermutige ich mich?
Die Ermutigung erzeugt der einzelne nicht aus sich selber. Ermutigung ist in Allianzen eingebettet. Ermutiger sind öffentliche Instanzen. Es sind die vorbildlichen Menschen, und die muß man sich suchen. Das heißt, man muß den Trainer finden, dem man vertraut. Der Trainer ist derjenige, der dir sagen darf: Du mußt dein Leben ändern. So etwas lasse ich mir nur von demjenigen sagen, von dem ich aufgrund einer intuitiven Vorwegnahme zu wissen glaube, daß er das Recht hat, einen solchen Satz zu äußern. Wenn er mich in der zweiten Person Singular anspricht, darf keine Anmaßung im Spiel sein. Das kann nur der vorbildliche Mensch, und solche Menschen melden sich jetzt in der Krise der Moderne, die ja auch eine Krise der Vorbilder ist, allmählich zurück.
Wir haben mit falschen Vorbildern gelebt?
Wir hatten jahrhundertelang fragwürdige Vorbilder. Zum Beispiel das Vorbild des selbstzerstörerischen Künstlers, der vor lauter Intensität seine Kerze an beiden Enden anzündet und sich in einer Art fröhlicher Selbstzerstörung so früh wie möglich aus der Welt schafft. Oder der faustische Unternehmer, der nie zur Ruhe kommt, und der neureiche Spekulant, der das Wort »genug« nicht mehr gebrauchen kann.
Welche Vorbilder bieten sich heute an?
Die nächstliegenden Modelle sind die Sportler. Das sind diejenigen, die aufgrund eines persönlichen Ehrgeizes oder einer Kombination von Ehrgeiz und Talent sich aus der Menge herausheben und unglaubliche Anstrengungen auf sich nehmen, um die Grenze des Möglichen im physischen Bereich weiter hinauszurücken.
Mit dem Ziel, das Unmögliche möglich zu machen?
Sie erlangen nicht das Unmögliche, aber sie rücken die Grenzen des Unwahrscheinlichen hinaus. Daneben haben wir auch in unserer Zeit die großen Helfer, das heißt Menschen, die stark für andere sind. Sie sind in der modernen Welt bereits allgegenwärtig. Im Grunde geht die ganze Bewegung in Richtung auf das, was Nietzsche die schenkenden Tugenden genannt hat. Weg von der Seinsweise der Gier – hin zur Seinsweise der Großzügigkeit.
Eine Ökonomie des Gebens haben Sie das mal genannt, in der die Reichen die Erfahrung machen, daß das Geben eine alternative Art der Bereicherung darstellen kann.

In der Tat, weil das Individuum dann aus dem Schein und der Wirklichkeit der Mangelkultur austritt und übergeht in eine Welt der Fülle, in der ein anderes Verhaltensgesetz gilt. Sobald das Gesetz des Mangels außer Kraft gesetzt wird, wechselt der einzelne von der Rolle des Nehmers ohne Grenzen über in die Position des Gebers. Das bringt die entscheidende Wandlung.

Dann ist das unglückliche Bewußtsein der Misanthropen, der Schlechtredner das Unwahre?

Negativisten haben eine Wahl getroffen, die ich nicht treffe.

Weshalb haben Sie sich anders entschieden?

Meine Wahl entspringt einer lebensgeschichtlich gewachsenen Präferenz. Man kann sich, einen gewissen Freiheitsinstinkt vorausgesetzt, gegen die Opferreligion entscheiden, die uns von allen Seiten nahegelegt wird, man kann gegen die Genugtuung an der eigenen Depression Stellung nehmen. In unserer Kultur gibt es einen gut eingespielten Teufelskreis, der bewirkt, daß es sich viele Menschen bequem machen in einer Negativität, die sich selber immer wieder recht gibt. Wer diesen Zirkel erkannt hat, kann ihn auch verlassen.

Ein mitunter anspruchsvolles Unterfangen.

Es ist sicher leichter, ihn zu erkennen, als ihn zu sprengen. Denn die Genugtuungen, die man beim Laufen in diesem Zirkel erhält, sind groß. Man glaubt ja auch leicht, daß man auf der Seite der moralisch Besseren steht, wenn man bei den tristen Menschen ist und mit ihnen im Zirkel der Negativität lebt. Dies ist aber die schlimmste Verführung, weil damit eine geistige Lustprämie auf Negativität ausgesetzt wird, die man nicht so gerne aus der Hand gibt.

Was aber, wenn sich die technische Utopie einer nicht endlichen Energie nicht verwirklichen läßt?

Dann müßten wir eine globale Bescheidenheitsrevolution fordern. Sie würde auf ein Ethos der menschheitsweiten Selbstbeschränkung hinauslaufen – wie es etwa der christliche Ethiker Ivan Illich zu seiner Zeit ins Auge gefaßt hatte. Eine Utopie der Verschwendung für alle läßt sich nur aufrechterhalten, wenn sich das geotechnische, weitgehend unverstandene Projekt der Moderne, aus der Erde eine Sonne zu machen, verwirklicht.

Was wäre Ihnen persönlich sympathischer: eine Utopie der Verschwendung oder ein Regime der Bescheidenheit?

Ich selber bin ein Mensch des Verschwendungszeitalters, und ich bin sentimentalen Regungen zugänglich. Darum würde ich gerne Verschwendung für alle anbieten, wohl wissend, daß das unmöglich ist. Jedoch: Einen politischen Aspekt der Schwankung zwischen Bescheidenheit und Verschwendung sollten wir nicht übersehen: Die Bescheidenheit für alle wäre nur auf dem Wege einer planetarischen Ökodiktatur zu verwirklichen. Man sollte rechtzeitig dafür sorgen, daß eine solche nicht notwendig wird.

6. Kapitalismus und Kleptokratie

Über die Tätigkeit der nehmenden Hand[39]

Am Anfang aller ökonomischen Verhältnisse stehen, wenn man den Klassikern glauben darf, die Willkür und die Leichtgläubigkeit. Rousseau hat hierüber in dem berühmten Einleitungssatz zum zweiten Teil seines *Diskurses über die Ungleichheit unter den Menschen* von 1755 das Nötige erklärt: »Der erste, der ein Stück Land eingezäunt hatte und es sich einfallen ließ zu sagen: Das gehört mir!, und der Leute fand, die einfältig [*simples*] genug waren, ihm zu glauben, ist der wahre Gründer der bürgerlichen Gesellschaft [*société civile*].« Demnach beginnt, was wir das »Wirtschaftsleben« nennen, mit der Fähigkeit, einen überzeugenden Zaun zu errichten und das eingehegte Terrain durch einen autoritativen Sprechakt unter die Verfügungsgewalt des Zaun-Herrn zu stellen: *Ceci est à moi*. Der erste Nehmer ist der erste Unternehmer – der erste Bürger und der erste Dieb. Er wird unvermeidlich begleitet vom ersten Notar. Damit so etwas wie überschußträchtige Bodenbewirtschaftung in Gang kommt, ist eine vorökonomische »Tathandlung« vorauszusetzen, die in nichts anderem besteht als der rohen Geste der Inbesitznahme – diese muß aber durch eine nachträgliche Legalisierung konsolidiert werden. Ohne die Zustimmung der »Einfältigen«, die an die Gültigkeit der ersten Nahme glauben, ist ein Besitzrecht auf Dauer nicht zu halten. Was als Besetzung beginnt, wird durch den Grundbucheintrag besiegelt. Zuerst die Willkür, dann ihre Absegnung in rechtsförmiger Anerkennung. Das Geheimnis der bürgerlichen Gesellschaft besteht folglich in der nachträglichen Heiligung der gewaltsamen Initiative. Es kommt nur darauf an, als erster dazusein, wenn es um den anfänglichen Raub geht, aus dem später der Rechtstitel wird. Wer hierbei zu spät kommt, den bestraft das Leben. Arm

39 Dieser Essay Peter Sloterdijks erschien unter dem Titel »Die Revolution der gebenden Hand« im Rahmen der Serie »Zukunft des Kapitalismus« in der *Frankfurter Allgemeinen Zeitung* (10. Juni 2009, S. 29-31).

bleibt, wer auf der falschen Seite des Zauns existiert. Den Armen erscheint die Welt als ein Ort, an dem die nehmende Hand der anderen sich schon alles angeeignet hat, bevor sie selber den Schauplatz betraten.

Der Rousseausche Mythos von der Entstehung der bürgerlichen Gesellschaft aus der Landokkupation hat seine Wirkung bei den Lesern in der politischen Moderne nicht verfehlt. Marx war von dem Schema der ursprünglichen Einzäunung so beeindruckt, daß er die ganze Frühgeschichte des »Kapitalismus«, die sogenannte ursprüngliche Akkumulation, auf die verbrecherische Willkür einiger britischer Großgrundbesitzer zurückführen wollte, die es sich einfallen ließen, große Flächen Landes einzuzäunen und große Herden wolletragenden Kapitals darauf weiden zu lassen – was naturgemäß ohne die Vertreibung der bisherigen Besitzer oder Nutznießer des Bodens nicht geschehen konnte. Wenn er seine Theorie der kapitalgetriebenen Wirtschaftsweise fortan in der Form einer »Kritik der politischen Ökonomie« entwickelte, so aufgrund des von Rousseau inspirierten Verdachts, daß alle Ökonomie auf vorökonomischen Willkürvoraussetzungen beruhe – auf ebenjenen gewaltträchtigen Einzäunungsinitiativen, aus denen, über viele Zwischenschritte, die aktuelle Eigentumsordnung der bürgerlichen Gesellschaft hervorgegangen sei. Die ersten Initiativen der *beati possidentes* kommen ursprünglichen Verbrechen gleich – sie sind nicht weniger als Wiederholungen der Erbsünde auf dem Gebiet der Besitzverhältnisse. Der Sündenfall geschieht, sobald der Privatbesitz aus dem Gemeinsamen ausgegrenzt wird. Er zeugt sich fort in jedem späteren ökonomischen Akt.

In solchen Anschauungen gründet der für den Marxismus, aber nicht nur für diesen, charakteristische moderne Habitus der Respektlosigkeit vor dem geltenden Recht, insbesondere dem bürgerlichsten der Rechte, dem Recht auf die Unverletzlichkeit des Eigentums. Respektlos wird, wer das »Bestehende« als Resultat eines initialen Unrechts zu durchschauen glaubt. Weil das Eigentum, dieser Betrachtung gemäß, auf einen ursprünglichen »Diebstahl« am diffusen Gemeinbesitz zurückgeführt wird, sollen die Eigentümer von heute sich darauf gefaßt machen, daß eines Tages die Korrektur der gewachsenen Verhältnisse auf die politische Agenda gesetzt wird. Dieser Tag bricht an, wenn die Einfältigen von einst aufhören, bloße *simples* zu sein. Dann erinnern sie sich an das »Verbrechen«, das von den Errichtern der ersten Zäune begangen wurde. Von einem erleuchteten revolutionären Elan erfüllt, raffen sie sich dazu auf, die bestehenden Zäune abzureißen. Von da an muß Politik Entschädigung für die Nachteile bieten, die von den meisten bei der frühen Verteilung hinzunehmen waren: Es gilt jetzt, für das Allgemeine zu reklamieren, was von den ersten privaten Nehmern angeeignet wurde. Auf dem Grund jeder revolutionären Respektlosigkeit findet man die Überzeugung, daß das Früher-Dagewesensein der jetzigen »rechtmäßigen« Besitzer letztlich nichts bedeutet. Von der Respektlosigkeit zur Enteignung ist es nur ein Schritt. Alle Avantgarden verkünden, man müsse mit der Aufteilung der Welt von vorn beginnen.

Vor diesem Hintergrund ist leicht zu verstehen, warum alle »kritische« Ökonomie nach Rousseau die Form einer allgemeinen Theorie des Diebstahls annehmen mußte. Wo Diebe an der Macht sind – mögen sie auch schon seit längerem als gesetzte Herren auftreten –, kann eine realistische Wirtschaftswissenschaft nur als Lehre von der Kleptokratie der Wohlhabenden entwickelt werden. In theoretischer Perspektive will diese erklären, wieso die Reichen von jeher auch die Herrschenden sind: Wer bei der anfänglichen Landnahme zugegriffen hat, wird auch bei späteren Machtnahmen ganz vorne sein. In politischer Perspektive erläutert die neue Wissenschaft von der nehmenden Hand, warum die real existierende Oligarchie nur durch eine Rücknahme der anfänglichen Nahme überwunden werden kann. Hiermit tritt der mächtigste politisch-ökonomische Gedanke des 19. Jahrhunderts auf die Bühne, der dank des sowjetischen Experiments von 1917 bis 1990 auch das vergangene Jahrhundert mitbestimmte: Er artikuliert die quasi homöopathische Idee, wonach gegen den ursprünglichen Diebstahl seitens der Wenigen nur ein sittlich berechtigter Gegendiebstahl seitens der Vielen Abhilfe schaffen könne.

Die Kritik der aristokratischen und bürgerlichen Kleptokratie, die mit Rousseaus ahnungsvoll drohenden Thesen begonnen hatte, wurde auf dem radikalen Flügel der Französischen Revolution mit der erbitterten Begeisterung aufgenommen, die der gefährlichen Liaison von Idealismus und Ressentiment entspringt. Schon bei den Frühsozialisten hieß es alsbald *expressis verbis*: Eigentum ist Diebstahl. Der Anarchist Pierre-Joseph Proudhon, auf den der anzügliche Lehrsatz zurückgeht, hatte in seiner Schrift über das

Eigentum von 1840 die Aufhebung der alten Ordnungen in herrschaftsfreie Produzentenbünde gefordert – zunächst unter dem heftigen Beifall des jungen Marx. Bekanntlich kehrte Marx wenige Jahre später seinen Proudhonschen Inspirationen den Rükken, indem er den Anspruch erhob, der Natur des Eigentumsproblems – und *eo ipso* des Diebstahlphänomens – tiefer auf den Grund gegangen zu sein. Mochte Marx auch später noch in klassisch respektloser Tonart die »Expropriation der Exproriateure« auf seine Fahnen schreiben, so sollte dies künftig keineswegs bloß die Wiedergutmachung des vorzeiten verübten Unrechts bedeuten. Vielmehr zielte das Marxsche Postulat – getragen von einer klug konfusen Werttheorie – auf die Beseitigung der sich täglich erneuernden Plünderungsverhältnisse im Kapitalsystem. Vorgeblich stellen diese sicher, daß der »Wert« aller industriellen Erzeugnisse stets ungerecht geteilt werde: das bloße Existenzminimum für die Arbeiter, den reichen Wertüberschuß für die Kapitaleigentümer.
Aus der Marxschen Mehrwerttheorie ergab sich die folgenschwerste These, die je auf dem Feld der Eigentumskritik formuliert wurde. In ihrer Beleuchtung erscheint die Bourgeoisie – obschon *de facto* auch eine produzierende Klasse – als ein von Grund auf kleptokratisches Kollektiv, dessen *modus vivendi* um so verwerflicher sei, als dieser sich offiziell auf allgemeine Gleichheit und Freiheit berufe – nicht zuletzt auf die Vertragsfreiheit beim Eingehen von Beschäftigungsverhältnissen. Was unter der juristischen Form von freien Tauschvereinbarungen zwischen Unternehmern und Arbeitern abgeschlossen werde, sei in der Sache nur ein weiterer Anwendungsfall dessen, was Proudhon das »erpresserische Eigentum« genannt hatte. Es führt geradewegs zu jenem Mehrwertdiebstahl, der vorgeblich in allen Gewinnen der Kapitalseite zutage tritt. In der Lohnzahlung verberge sich regelmäßig ein Nehmen unter dem Vorwand des Gebens; mit ihr geschehe eine Plünderung im Gewand des freiwilligen und gerechten Tauschs. Allein aufgrund dieser moralisierenden Stilisierung der ökonomischen Grundverhältnisse konnte der Begriff »Kapitalismus« zu einem politischen Kampfwort und Schimpfwort werden. Als solches macht es gegenwärtig erneut die Runde. Es steht für die Fortsetzung der feudalen Sklaven- und Leibeigenenausbeutung mit den Mitteln der modernen oder bourgeoisen Lohnempfängerausbeutung.

Das ist es, was mit der These besagt war, die »kapitalistische« Wirtschaftsordnung werde durch den basalen Antagonismus von Kapital und Arbeit bewegt – eine These, die bei all ihrem suggestiven Pathos auf einer völlig falschen Darstellung der wirklichen Verhältnisse beruhte: Denn das große Movens der modernen Wirtschaftsweise ist keineswegs im Gegenspiel von (industriellem) Kapital und Arbeit zu suchen. Vielmehr verbirgt es sich in der antagonistischen Liaison von Gläubigern und Schuldnern. Es ist die Sorge um die Rückzahlung von Krediten, die das moderne Wirtschaften von Anfang an vorantreibt – und angesichts dieser Sorge stehen Kapital und Arbeit auf derselben Seite. Immerhin, in den heutigen Finanzkrisentagen erfährt man es schon aus den Boulevardzeitungen: Der Kredit ist die Seele jedes Betriebs, und die Löhne sind zunächst und zumeist von geliehenem Geld zu zahlen – und nur bei Erfolg auch aus Gewinnen. Das vielzitierte Profitstreben ist ein Epiphänomen des Schuldendienstes, und die faustische Unruhe des ewig getriebenen Unternehmers ist der psychische Reflex des Zinsenstresses. Gleichwohl, die unausrottbare Unterstellung, »Kapital« sei nur ein Pseudonym für eine unersättliche räuberische Energie, lebt weiter bis in die Brechtsche Sottise, wonach der Überfall auf eine Bank nichts bedeute im Vergleich mit der Gründung einer Bank. Wohin man auch sieht: In den Analysen der klassischen Linken erscheint durchwegs der Diebstahl an der Macht, wie seriös er kaschiert sein mag – und wie väterlich sich manche Unternehmer auch für ihre Mitarbeiter einsetzen. Was den »bürgerlichen Staat« angeht, kann er diesen Annahmen gemäß nicht viel mehr sein als ein Syndikat zum Schutz der allzu bekannten »herrschenden Interessen«.

Es würde sich an dieser Stelle nicht lohnen, im einzelnen die Irrtümer und Mißverständnisse aufzuzählen, die der abenteuerlichen Fehlkonstruktion des Prinzips Eigentum auf der von Rousseau über Marx bis zu Lenin führenden Linie innewohnen. Der letztgenannte hat praktisch vorgeführt, was geschieht, wenn man die Formel von der Expropriation der Expropriateure aus der Sphäre sektiererischer Traktate in die des Staatsparteiterrors übersetzt. Ihm verdankt man die unüberholte Einsicht, daß die Schicksale des »Kapitalismus« wie die seines vermeintlichen Gegenspielers, des »Sozialismus«, untrennbar sind von der Ausgestaltung des modernen Staates.

Tatsächlich muß man auf den zeitgenössischen Staat blicken, wenn man die Aktivitäten der nehmenden Hand auf dem neuesten Stand der Kunst erfassen will. Um die unerhörte Aufblähung der Staatlichkeit in der gegenwärtigen Welt zu ermessen, ist es nützlich, sich an die historische Verwandtschaft zwischen dem frühen Liberalismus und dem anfänglichen Anarchismus zu erinnern. Beide Bewegungen wurden von der täuschenden Annahme animiert, man gehe auf eine Ära geschwächter Staatswesen zu. Während der Liberalismus nach dem Minimalstaat strebte, der seine Bürger nahezu unfühlbar regiert und sie bei ihren Geschäften in Ruhe läßt, setzte der Anarchismus sogar die Forderung nach dem vollständigen Absterben des Staates auf die Tagesordnung. In beiden Postulaten lebte die für das 19. Jahrhundert und sein systemblindes Denken typische Erwartung, die Ausplünderung des Menschen durch den Menschen werde in absehbarer Zeit an ein Ende kommen: im ersten Fall durch die überfällige Entmachtung der unproduktiven Aussaugungsmächte Adel und Klerus, im zweiten durch die Auflösung der herkömmlichen sozialen Klassen in entfremdungsfreie kleine Zirkel, die selber konsumieren wollten, was sie selber erzeugten.
Die Erfahrung des 20. Jahrhunderts hat gezeigt, daß Liberalismus wie Anarchismus die Logik des Systems gegen sich hatten. Wer eine gültige Sicht auf die Tätigkeiten der nehmenden Hand hätte entwickeln wollen, hätte vor allem die größte Nehmermacht der modernen Welt ins Auge fassen müssen, den aktualisierten Steuerstaat, der sich auch mehr und mehr zum Schuldenstaat entwickeln sollte. Ansätze hierzu finden sich *de facto* vorwiegend in den liberalen Traditionen. In ihnen hat man mit beunruhigter Aufmerksamkeit notiert, wie sich der moderne Staat binnen eines Jahrhunderts zu einem geldsaugenden und geldspeienden Ungeheuer von beispiellosen Dimensionen ausformte. Dies gelang ihm vor allem mittels einer fabelhaften Ausweitung der Besteuerungszone, nicht zuletzt durch die Einführung der progressiven Einkommensteuer, die in der Sache nicht weniger bedeutet als ein funktionales Äquivalent zur sozialistischen Enteignung, mit dem bemerkenswerten Vorzug, daß sich die Prozedur Jahr für Jahr wiederholen läßt – zumindest bei jenen, die an der Schröpfung des letzten Jahres nicht zugrunde gingen. Um das Phänomen der heutigen Steuerduldsamkeit bei den Wohlhabenden zu würdigen, sollte man viel-

leicht daran erinnern, daß Queen Victoria bei der erstmaligen Erhebung einer Einkommensteuer in Höhe von 3,33 Prozent sich darüber Gedanken machte, ob man hiermit nicht die Grenze des Zumutbaren überschritten habe. Inzwischen hat man sich längst an Zustände gewöhnt, in denen eine Handvoll Leistungsträger gelassen mehr als die Hälfte des nationalen Einkommensteuerbudgets bestreiten. Zusammen mit einer bunten Liste an Schöpfungen und Schröpfungen, die überwiegend den Konsum betreffen, ergibt das einen phänomenalen Befund: Voll ausgebaute moderne Steuerstaaten reklamieren in jedem Jahr nicht weniger als die Hälfte aller Wirtschaftserfolge ihrer produktiven Schichten für den Fiskus, ohne daß die Betroffenen zu der plausibelsten Reaktion hierauf, dem antifiskalischen Bürgerkrieg, Zuflucht nehmen. Dies ist ein politisches Dressurergebnis, das jeden Finanzminister des Absolutismus vor Neid hätte erblassen lassen. Erklären läßt sich das nur durch die Schuldgefühle, die unsere moralische Kultur allen Nicht-Armen einzuflößen versteht.
Angesichts der bezeichneten Verhältnisse ist leicht zu erkennen, warum die Frage, ob der »Kapitalismus« noch eine Zukunft habe, falsch gestellt ist. Wir leben gegenwärtig ja keineswegs »im Kapitalismus« – wie eine ebenso gedankenlose wie hysterische Rhetorik neuerdings wieder suggeriert –, sondern in einer Ordnung der Dinge, die man *cum grano salis* als einen massenmedial animierten, steuerstaatlich zugreifenden Semisozialismus auf eigentumswirtschaftlicher Grundlage definieren muß. Offiziell heißt das schamhaft soziale Marktwirtschaft. Was freilich die Aktivitäten der nehmenden Hand angeht, so haben sich diese seit ihrer Monopolisierung beim nationalen und regionalen Fiskus überwiegend in den Dienst von Gemeinschaftsaufgaben gestellt. Sie widmen sich den sisyphushaften Arbeiten, die aus den Forderungen nach »sozialer Gerechtigkeit« entspringen. Allesamt beruhen sie auf der Einsicht: Wer viel nehmen will, muß viel begünstigen. So ist aus der selbstischen und direkten Ausbeutung feudaler Zeiten in der Moderne eine zwar nicht ganz selbstlose, doch rechtlich gezügelte Staats-Kleptokratie geworden. Ein moderner Finanzminister ist ein Robin Hood, der den Eid auf die Verfassung geleistet hat. Das Nehmen mit gutem Gewissen, das die öffentliche Hand bezeichnet, rechtfertigt sich, idealtypisch wie pragmatisch, durch seine unverkennbare Nützlichkeit für den sozialen Frieden – um

von den übrigen Leistungen des nehmend-gebenden Staats nicht zu reden. Der Korruptionsfaktor hält sich dabei zumeist in mäßigen Grenzen, trotz anderslautender Hinweise aus Köln und München. Wer die Gegenprobe zu den hiesigen Zuständen machen möchte, braucht sich nur an die Verhältnisse im postkommunistischen Rußland zu erinnern, wo ein Mann ohne Herkunft wie Vladimir Putin sich binnen weniger Dienstjahre an der Spitze des Staates ein Privatvermögen von über zwanzig Milliarden Dollar zusammenstehlen konnte, falls die diesbezüglichen Informationen einer englischen Zeitung zutreffen.

Den liberalen Beobachtern des nehmenden Ungeheuers, auf dessen Rücken das aktuelle System der Daseinsvorsorge reitet, kommt das Verdienst zu, auf die Gefährdungen aufmerksam gemacht zu haben, die den gegebenen Verhältnissen innewohnen. Es sind dies die Überregulierung, die dem unternehmerischen Elan zu enge Grenzen setzt, die Überbesteuerung, die den Erfolg bestraft, und die Überschuldung, die den Ernst der Haushaltung mit spekulativer Frivolität durchsetzt – im Privaten nicht anders als im Öffentlichen. Autoren liberaler Tendenz waren es auch, die zuerst darauf aufmerksam machten, daß den heutigen Bedingungen eine Tendenz zur Ausbeutungsumkehrung innewohnt: Lebten im ökonomischen Altertum die Reichen unmißverständlich und unmittelbar auf Kosten der Armen, so kann es in der ökonomischen Moderne dahin kommen, daß die Unproduktiven mittelbar auf Kosten der Produktiven leben – und dies zudem auf mißverständliche Weise, nämlich so, daß sie gesagt bekommen und glauben, man tue ihnen unrecht und man schulde ihnen mehr. Tatsächlich besteht derzeit gut die Hälfte jeder Population moderner Nationen aus Beziehern von Null-Einkommen oder niederen Einkünften, die von Abgaben befreit sind und deren Subsistenz weitgehend von den Leistungen der steueraktiven Hälfte abhängt. Sollten sich Wahrnehmungen dieser Art verbreiten und radikalisieren, könnte es im Lauf des 21. Jahrhunderts zu Desolidarisierungen großen Stils kommen. Sie wären die Folge davon, daß die nur allzu plausible liberale These von der Ausbeutung der Produktiven durch die Unproduktiven der längst viel weniger plausiblen linken These von der Ausbeutung der Arbeit durch das Kapital den Rang abläuft. Das zöge postdemokratische Konsequenzen nach sich, deren Ausmalung man sich zur Stunde lieber erspart.

Die größte Gefahr für die Zukunft des Systems geht gegenwärtig von der Schuldenpolitik der keynesianisch vergifteten Staaten aus. Sie steuert so diskret wie unvermeidlich auf eine Situation zu, in der die Schuldner ihre Gläubiger wieder einmal enteignen werden – wie schon so oft in der Geschichte der Schröpfungen, von den Tagen der Pharaonen bis zu den Währungsreformen des 20. Jahrhunderts. Neu ist an den aktuellen Phänomenen vor allem die pantagruelische Dimension der öffentlichen Schulden. Ob Abschreibung, ob Insolvenz, ob Währungsreform, ob Inflation, die nächsten Großenteignungen sind unterwegs. Schon jetzt ist klar, unter welchem Arbeitstitel das Drehbuch der Zukunft steht: Die Ausplünderung der Zukunft durch die Gegenwart. Die nehmende Hand greift nun sogar ins Leben der kommenden Generationen voraus – die Respektlosigkeit erfaßt auch die natürlichen Lebensgrundlagen und die Folge der Generationen.

Die einzige Macht, die der Plünderung der Zukunft Widerstand leisten könnte, hätte eine sozialpsychologische Neuerfindung der »Gesellschaft« zur Voraussetzung. Sie wäre nicht weniger als eine Revolution der gebenden Hand. Sie führte zur Abschaffung der Zwangssteuern und zu ihrer Umwandlung in Geschenke an die Allgemeinheit – ohne daß der öffentliche Bereich deswegen verarmen müßte. Diese thymotische Umwälzung hätte zu zeigen, daß in dem ewigen Widerstreit zwischen Gier und Stolz zuweilen auch der letztere die Oberhand gewinnen kann.

7. Tragische Sozialdemokratie[40]

Soll man in schlichten Worten sagen, in welcher Hinsicht die Wahlen zum Bundestag im September 2009 eine Zäsur in der jüngeren System- und Mentalitätsgeschichte der Bundesrepublik darstellen werden, so braucht man bloß zu konstatieren, was ohnehin zutage liegt: Die schönen Tage von Aranjuez sind vorüber, das langgezogene Fin de siècle der Deutschen ist abgelaufen. Die Lust am Schweben über der Stagnation weicht der Sorge über eine blokkierte Zukunft.

Der atmosphärisch evidente Befund läßt sich vertiefen, wenn man sich mit dem Schicksal des größten Verlierers vom 27. September unter einem systemischen Gesichtspunkt befaßt. Tatsächlich kommt der Absturz der SPD einem Symptom gleich, das über die interne Verfaßtheit der aktuellen Staatlichkeit, des Parteienwesens und des sozialen Bandes in unserem Lande insgesamt Aufschluß gibt. In diesem Zusammenhang muß ein für allemal daran erinnert werden, daß Sozialdemokratie nicht nur der Name einer altehrwürdigen politischen Partei ist, deren Anfänge in die Frühzeit der Arbeiterbewegung zurückreichen – sie war *de facto* die Mutter aller parlamentarischen Oppositionen und das so spartanische wie unverwüstliche Vehikel, auf dem die soziale Frage durch das 19. und 20. Jahrhundert reiste. Nicht umsonst haben wir in unseren jungen Jahren die unentbehrliche Karre geliebt wie den ersten gebrauchten VW-Käfer, die Wolfsburger Blechtrommel.

Doch ist Sozialdemokratie zugleich eine Systemformel: Sie beschreibt genau die politisch-ökonomische Ordnung der Dinge, die den modernen Staat als Steuerstaat, als Infrastrukturstaat, als Rechtsstaat und nicht zuletzt als Sozialstaat und Therapiestaat definiert. Man hat es infolgedessen in der systemischen Wirklichkeit der westlichen Nationalstaaten immer mit zwei Sozialdemokratien zu tun, die man sorgfältig auseinanderhalten sollte, wenn man der Verwirrung entgehen will. Wir begegnen überall einer phänomenalen und einer strukturellen, einer manifesten und einer

40 Dies ist ein Auszug aus Peter Sloterdijks Essay, der unter dem Titel »Aufbruch der Leistungsträger« erschien, in: *Cicero* (11/2009, S. 94-107).

latenten Sozialdemokratie, einer, die als Partei auftritt, und einer, die in die Definitionen, Funktionen und Prozeduren der modernen Staatlichkeit als solcher mehr oder weniger irreversibel eingebaut ist.
Nimmt man hiervon Kenntnis, so versteht man auch schon, warum die Sozialdemokratie als Partei ein tendenziell tragisches Phänomen repräsentiert. So wie der tragische Held schuldlos schuldig wird und in seinem Schicksalsknoten untergeht, so wird die tragische Partei überwiegend unverschuldet unpopulär und geht an dem pragmatischen Erfolg ihrer Prinzipien zugrunde – zumindest in dem Sinn, daß zahllose Bürger den Sozialdemokratismus nicht mehr notwendigerweise dort suchen und finden, wo die alte Fahne aus dem Fenster gehängt wird. Folglich sind manifeste Sozialdemokraten Anhänger der einzigen Partei, der es periodisch gelingt, sich selber überflüssig erscheinen zu lassen. Nie hat man das deutlicher gesehen als in den vier ersten Merkel-Jahren, in denen sich die Unionsparteien als die besseren Kopien der Sozialdemokratie zu erkennen gaben. Die nominellen Sozialdemokraten hingegen hatten von den Tagen Schröders an politische Reife demonstrieren wollen, indem sie tapfer selbstzerstörerisch die unumgänglich »notwendige« Reformpolitik praktizierten, von welcher der listig träge Kanzler Kohl stets die Finger gelassen hatte.
Aus dieser Sicht war es Gerhard Schröder, der aufgrund seiner nicht-lethargischen Qualitäten den Niedergang seiner Partei einleitete. Man muß begreifen: Seit den Tagen Helmut Kohls herrscht im Bundestag nicht bloß das Gesetz der Wählerverwirrung durch Programmvertauschung zwischen links und rechts, auch der Begriff Opposition hat einen neuen Sinn angenommen: Opposition ist längst nicht mehr das, was die Nicht-Regierungsparteien treiben. Opposition wird wirksam nur noch durch die aktuelle Regierung ausgeübt, und zwar dadurch, daß sie ihrer möglichen Nachfolgerin die Probleme hinterläßt, an denen diese zuverlässig scheitert. In diesem Sinn brachte die Merkel-Wahl von 2005 eine späte Genugtuung für den Vater aller Lähmungen. Auf seinen Spuren zog seine natürliche Tochter ins Kanzleramt ein. Man lernt daraus: Der lethargokratische Politiker wird mittelfristig belohnt, weil er und seine Nachfolger die besten Chancen haben, die nächste Wahl zwar zu verlieren, aber dafür die übernächste zu gewinnen.

Ein suspektes Sprichwort behauptet, es gebe Leute, die den Wald vor lauter Bäumen nicht sehen. Ob so etwas vorkommt, sei bis auf weiteres dahingestellt. Sicher ist aber, daß es Leute gibt, die vor lauter Parteien den Staat nicht sehen. Solche Leute sehen auch vor lauter Mangel-Alarm die unglaublichen Reichtümer nicht, die heute wie gestern durch die öffentliche Hand gesammelt und zur Umverteilung gebracht werden. Man redet von »leeren Kassen« und beschreibt damit eine Staatlichkeit, die Jahr für Jahr rund tausend Milliarden Euro vereinnahmt und verteilt. Solche Staatsblindheit gilt besonders für die diskutierende Klasse in Deutschland, an ihrer Spitze eine Anzahl von »kritischen« Soziologen, in Frankfurt und anderswo, die seit Jahrzehnten die scheinplausible These verbreiten, wir lebten unter der Knute des Neoliberalismus und des »ökonomischen Horrors« – um an den grellen Slogan der matten Kapitalismuskritikerin Viviane Forestier zu erinnern.
Kaum jemand hat sich in dieser Zeit die Mühe gemacht, den wirklichen Verhältnissen in öffentlichkeitstauglicher Weise auf den Grund zu gehen. Insbesondere war so gut wie nie von dem eben erwähnten »objektiven« Sozialdemokratismus die Rede. Durch ihn sind die Axiome der Sozialdemokratie von der Ebene der rhetorischen Forderungen in die Strukturen der Staatlichkeit als solcher transponiert worden. Sie bilden eine stabile Hintergrundwirklichkeit, die immer mitläuft, wenn im Vordergrund über variable Projekte, Maßnahmen und Differenzen gestritten wird. Die phänomenale SPD kann sich Machtpausen und Schwächephasen leisten, die von ihr mitgeschaffene Transfermaschine geht unabhängig davon ihren Gang. Allen Klagen über soziale Kälte und schleichenden Sozialabbau zum Trotz arbeitet man auch heute auf den Nachtbaustellen des Sozialstaats fieberhaft weiter an der Ausdehnung der Netze.
Die Wesensgleichheit zwischen objektiver Sozialdemokratisierung und starker Steuerstaatlichkeit geht hierzulande bis in die Bismarckzeit zurück, als der Eiserne Kanzler den Forderungen seiner Widersacher im preußischen Parlament entgegenkam, um sie politisch zu neutralisieren. Doch hat auch die Wilhelminische Ära das Ihre zur Etablierung des modernen Fiskalsystems beigetragen, als mit den Miquelschen Finanzreformen 1891/93 die progressive Einkommensteuer in Preußen heimisch wurde. Seither läßt sich mit gutem Grund die These vertreten, der moderne Steuerstaat

sei per se das Vollzugsmedium des objektiven Sozialdemokratismus. Zugespitzt gesagt: Der durch sein Fiskalprivileg ermächtigte Umverteilungsstaat aktuellen Typs verkörpert essentiell eine krypto-semi-sozialistische Struktur. Aus Hegelscher Sicht dürfte man hinzufügen, dies könne und dürfe auch gar nicht anders sein, sofern die Staatlichkeit als solche das Organon des Allgemeininteresses verkörpert. Die sichtbare Hand des Allgemein-Organs, verkörpert durch den empirischen Finanzminister, greift den wirtschaftenden Bürgern mit einiger sittlicher Berechtigung regelmäßig in die Tasche, um sie zu einer kräftigen Abgabe ans Ganze zu bewegen. Für einen Philosophen deutsch-idealistischer Provenienz bereitet es nicht die geringste Schwierigkeit, das aktuelle System starker Steuerstaatlichkeit als real existierenden Semisozialismus zu definieren. Um aber den fiskalisch basierten Semisozialismus in seiner Eigenart zu begreifen, muß man zwei Dinge stets in Betracht ziehen: zum einen, daß seine Existenz von allen Akteuren strikt ignoriert und geleugnet wird – von den Linken, weil sie andernfalls erklären müßten, mit welcher Begründung sie chronisch mehr wollen, von den Rechten, weil sie sonst zugeben müßten, daß sie im wesentlichen längst heimliche Linke sind. Zum anderen ist für den realen Semisozialismus bezeichnend, daß er bisher ausschließlich in nationalstaatlichen Formen praktizierbar war.

Der Grund hierfür ist leicht zu nennen: Schon das späte 19. Jahrhundert hat die beiden großen Impuls-Ideen der neueren Politik, den nationalen und den sozialen Imperativ, zu mehr oder weniger effektiven, auch zum Teil fatalen, Synthesen zusammengebaut. Infolgedessen ist der moderne Staat bis heute strukturell nationalsozial oder sozialnational ausgerichtet. Als Nationalstaat formatiert er die Solidargemeinschaft zu einem »Volk« mit gemeinsamen Schicksalen und Symbolen, als Sozialstaat formatiert er das »Volk« zu einer operativen Solidargemeinschaft, und zwar temporal als Zusammenhang der Generationen und funktional als Zusammenhang von »Volk« und Eliten.

Dieses System stößt seit einer Weile an die Grenzen seiner Leistungsfähigkeit. In Zeiten erhöhter Migration, intensiverer Zuwanderung, zunehmender Elitenabwanderung und demographischer Ausdünnung macht der moderne Staat die irritierende Entdekkung, daß es mit der sozialnationalen Synthese allein auf Dauer nicht mehr getan ist. Seither lautet die Aufgabe für den Staat, der sich und seine Populationen reproduzieren will: Es gilt, eine Integrationsformel höherer Stufe zu finden, kraft welcher eine zunehmend heterogene Staatsbevölkerung als Leistungsträgergemeinschaft jenseits der divergierenden Herkunftskulturen bestimmt wird. Diese Formel kann nur durch einen neuen »Gesellschaftsvertrag« zustande kommen, der die Leistungsträger aller beteiligten Seiten in die Mitte der sozialen Synthesis rückt. An dieser Problemfront engagieren sich seit einer Weile die weitsichtigeren Teile der Bürgergesellschaft und der Staatlichkeit. Ihnen ist eines völlig klar: Das soziale Band von morgen wird durch die Investitionen und Integrationen geknüpft, die hier und heute geschehen. Wird die vorausschauende Pflege dieses Bandes vernachlässigt, bringt man durch Unterlassungen von heute den Zerfall von morgen auf den Weg.

Unter demokratietheoretischen Aspekten sind Regierungswechsel nach Wahlen die glücklichen Momente des politischen Systems. Sie beweisen, indem sie Machtablösungen ohne Blutvergießen ermöglichen, worauf es in dieser fragilen Lebensform ankommt. Demokratische Regierungen gehen das Wagnis ein, den Bürgern gefallen zu müssen, und verzichten bewußt auf die Mechanismen direkter Herrschaft, mit denen Monarchien, Theokratien und Despotien von alters her die Zustimmung der Untertanen erzwingen. Betrachtet man die Resultate des 27. September unter diesem Aspekt, so sind sie eindeutig auf der Gewinnseite des demokratischen Lebens anzuschreiben, selbst wenn viele Wähler den Ausgang der Wahl aufgrund konträrer politischer Präferenzen oder unüberwindlicher persönlicher Abneigungen gegen die Gewinner im Konkreten bedauern.

Unter anderen Gesichtspunkten sind die vom 27. September 2009 geschaffenen Verhältnisse mit gemischten Gefühlen zu betrachten, mag es auch für ein entschiedenes Urteil noch zu früh sein. In zehn oder zwanzig Jahren wird man erkennen, ob dieser Wahlabend einen schwarzen Tag für die deutsche Demokratie bedeutet hat oder nicht, doch schon jetzt geben die Veränderungen im Parteienspektrum Anlaß zu Sorgen um die Zukunft des politischen Systems. Jedenfalls wird man rückblickend eines Tages konstatieren, daß bei der Septemberwahl 2009 die stärksten Stützpfeiler der politischen Kultur in Deutschland nach 1949 katastrophisch zusammengebrochen sind. Was an diesem Tag von der Bühne verschwand, so die wahrscheinlichste Diagnose, war das bis dahin fraglos dominierende Regime der nationweit sammlungsfähigen Organe politischen Willens, die man von den Tagen der seligen Bonner Republik her die Volksparteien nannte. Solange die beiden großen Lager Union und SPD im Land den Ton angaben, hieß zu den Wahlen gehen tatsächlich wählen – sprich: zwischen erkennbaren Alternativen und kontrastreich voneinander abgesetzten politischen Subkulturen entscheiden. Nach sieben Jahren Rot-Grün und vier Jahren Schwarz-Rot sind die politischen Primärfarben so sehr vergraut, daß »Wählen« jetzt eine dezisionistische Geste meint: Unschlüssig starrt man auf den Stimmzettel und erhofft eine Eingebung in letzter Minute, die sagt, an welcher Stelle man sein Kreuz anbringt. Ein so zustande gekommenes Signal des Wählerwillens ist möglicherweise ein schwaches Indiz für die Existenz der Willensfreiheit, nach welcher heute die Philosophen fahnden, jedoch ein starker Hinweis auf das Ende der Demokratie, wie wir sie gekannt haben.

Von dieser Lage, in der die alten Farben und Fahnen wertlos werden, profitieren bis auf weiteres nur die kleinen Parteien. Sie lenken die Reste der alten politischen Libido auf sich, weil sie den Grauzonen-Effekt bis auf weiteres meiden können und sich mit einer erkennbaren These auf den Marktplatz stellen. Die kleineren Parteien, die am 27. September jubelten, sind darum typische Ein-Thema-Plattformen, die ihre politische Sichtbarkeit ihrer Einseitigkeit verdanken. Nun sollte man nicht vergessen, daß Einseitigkeit in politischer Hinsicht die Höchstform von Unverantwortlichkeit darstellt. Die unverantwortlichen Kleinen fahren Gewinne ein, weil sie und solange sie aus ihrer Regierungsunfähigkeit kein Geheimnis machen – Regieren ist ja genau die komplexe polythematische Arbeit, die bisher nur den Volksparteien gelang und zu der die Monothematiker aus eigener Kraft definitionsgemäß unfähig sind.

Die siegreichen Aspektparteien, die jetzt den Bundestag und die Länderparlamente selbstsicherer denn je mitbevölkern, triumphieren insgeheim auch deswegen, weil sie wissen: In Zukunft werden sie Zugang zu allen möglichen Aufgabenfeldern erhalten, von denen sie glücklicherweise bis dato nichts verstehen mußten. Sie werden sich im System einnisten, weil das politische Geschäft nach

Lage der Dinge künftig nur noch durch kompliziertere Koalitionen betrieben werden kann oder, um deutlicher zu reden: durch sorgfältig inszenierte Koalitionserpressungen. Wenn schon die zweite Große Koalition für die deutsche Demokratie verhängnisvoll war, weil sie den Volksparteien das Genick brach, so könnten die vielfältigen Koalitionsfiguren, die sich für die Zukunft abzeichnen, erst recht fatale Folgen zeitigen, weil sie die Italienisierung der Verhältnisse in unserem Land vorantreiben.

Wer sich jemals mit der Psychodynamik moderner Populationen beschäftigt hat, wird wissen, daß nichts so schwer zu fassen ist wie eine kollektive Stimmung und sich nichts so sehr der Definition entzieht wie der oft zitierte »Zeitgeist«. Von dem behauptet bekanntlich jeder, er sei persönlich fähig, ihn zu spüren, und doch ist es noch niemandem gelungen, seine Existenz zu beweisen. Dies gilt bereits in den Zeiten, in denen die Dinge ruhig halten, es gilt für aufgeregtere Zustände erst recht. Wer vom »Zeitgeist« redet, ist daher mindestens ebenso ein Erfinder wie ein Beobachter, ebenso ein Phantast wie ein Diagnostiker.
An keinem Vorgang war dies in jüngerer Zeit deutlicher zu beobachten als an dem gewaltigen Interpretationsspektakel, mit dem die kommentierende Klasse sich über die Weltfinanzkrise nach dem von den USA-Wirtschaftsstrategen bewußt herbeigeführten Zusammenbruch der Lehman-Bank im Herbst 2008 ausließ. Der Tenor der Diagnosen ging damals allgemein dahin, man werde die Welt nach der Überwindung der Krise nicht mehr wiedererkennen – so tief würden sich ihre Auswirkungen in die kollektive Mentalität einprägen und auf dem Umweg über den Mentalitätswandel auch die Sphäre der Prozeduren und Strukturen umformen. Ein Jahr danach ist von den fabelhaften Prophezeiungen außer einem schalen Nachgeschmack nichts mehr übrig. Der »Zeitgeist«, von dem man glauben wollte, er hätte die Richtung zu radikaler Erneuerung eingeschlagen, hat sich für *business as usual* entschieden und will von großen Konversionen nichts mehr hören.
Vor diesem Hintergrund werden die deutschen Wahlen vom September 2009 zeitdiagnostisch lesbar. Sie deuten an, was der Zeitgeist heute wirklich im Schilde führt. An erster Stelle lassen sie etwas Erfreuliches erkennen: Die heutigen Deutschen haben eine

nahezu unglaubliche Hysterie-Resistenz entwickelt. Die erlaubt es ihnen, sich auch dann fürs Normale und Plausible zu entscheiden, wenn das politische Feuilleton ihnen schon Ritter, Tod und Teufel an die Wand gemalt hat. Obgleich man es kaum für möglich hält: Die Deutschen sind binnen eines halben Jahrhunderts, das sie in Wohlstand, Frieden und Harmlosigkeit verbrachten, ein *savoir vivre*-Kollektiv geworden, das sich so leicht von niemandem um den Verstand bringen läßt. Das galt schon für den gelassenen Umgang unserer Landsleute mit der Finanzkrisenpublizistik im Herbst 2008, die sie fast ungerührt an sich abtropfen ließen. Das gilt erst recht für ihre letztlich so bodennahen wie plausiblen Wahlentscheidungen am 27. September.

Daß beide Volksparteien große Verlierer sind, wurde vielfach gesagt und wird auch durch Wiederholungen nicht falsch. Was die klaren Gewinner angeht, die Liberalen und die Linke, so bedeuten die Zuwächse, die sie erfahren haben, auf den ersten Blick nichts anderes als praktizierte Normalität. Nichts ist normaler und demokratischer als die Tatsache, daß sich bei Wahlen Interessen in Präferenzen übersetzen. Bemerkenswert ist aber, daß es in Deutschland zur Stunde offenbar nur zwei Gruppierungen gibt, die durch ihre prägnanten Interessen zu klaren Wahlentscheidungen motiviert sind, eben die Wähler der Linken und der FDP, während die übrigen es sich offenbar noch immer leisten können, die Union, die SPD und die Grünen zu wählen, sei es aus Loyalität, aus Gewohnheit oder aufgrund von idealeren Motiven.

Auf den zweiten Blick taucht hinter der Plausibilität des deutschen Wählerverhaltens eine stark veränderte Konfliktlandschaft auf. Die Antithese zwischen der Linken und den Liberalen ist überaus bedeutungsvoll, um nicht zu sagen zukunftsentscheidend, weil sich in ihr eine bisher systematisch verschleierte Polarisierung der Gesellschaft in nie zuvor gesehener Klarheit artikuliert. Zum erstenmal in der Geschichte der neueren deutschen Demokratie treten sich in den Gewinnern des 27. September zwei Gruppen gegenüber, die man so noch nicht miteinander konfrontiert sah. Man möchte fast an einen »Klassen«-Gegensatz unbekannten Typs glauben, der bisher nicht bis zur offenen Kollision herangereift war. Definiert man jedoch den Begriff der »Klasse«, dem Marxschen Sprachgebrauch gemäß, durch die Stellung von sozialen Akteuren im »Produktionsprozeß«, so sind die neuen Kontrahenten keine

Klassen. Mit »Produktion« hat ihre Entgegensetzung gerade nichts zu tun. Ihre Rolle im System bestimmt sich vielmehr durch ihre Stellung im fiskalischen Prozeß und im staatlich gesteuerten Umverteilungsgeschehen. Hier finden wir in dem einen Lager die Steueraktiven, die den Fiskus mit ihren Abgaben bereichern, im anderen, vorsichtig gesprochen, die Steuerneutralen, die überwiegend von Transferleistungen profitieren. An der neuen politischen Front stoßen also, um die Sache technischer auszudrücken, zwei finanzpolitische Großgruppen aufeinander: hier die Transfermassengeber, die aufgrund von unumgehbaren Steuerpflichten die Kassen füllen, dort die Transfermassennehmer, die aufgrund von sozialpolitisch festgelegten Rechtsansprüchen die Kassen leeren.

8. Eingeweide des Zeitgeistes

Im Gespräch mit Matthias Matussek[41]

Matthias Matussek: Herr Sloterdijk, seit Wochen tobt eine Debatten-Schlacht um Ihre Positionen. Wie erklären Sie sich die Wut von Kollegen wie Axel Honneth, die Sie angegriffen haben?

Peter Sloterdijk: Ich weiß nicht, ob es tatsächlich Wut ist. Ich glaube ja eher, daß diese Angriffe bestellte Artikel sind, aber egal. Ich lese in den Äußerungen der Frankfurter Professoren vor allem eine ganz große Enttäuschung über sich selbst. Wenn überhaupt Wut darinsteckt, wird sie übertönt von einer Klage, die als Anklage daherkommt, der Klage darüber, daß es ihnen nicht gelungen ist, die publizistische Hegemonie auszuüben, die sie aufgrund ihrer intellektuellen Prätentionen hätten ausüben sollen und wollen.

Könnte es nicht auch andere Gründe geben? Inhaltliche zum Beispiel?

Die inhaltliche Debatte beginnt erst allmählich, und meine Angreifer haben zu ihr außer moralisierenden Klischees nichts beigetragen. Bisher dominiert bei den Frankfurter Kollegen ein eher kümmerlicher Protest gegen das nicht mehr zu leugnende Ende der Kritischen Theorie in Deutschland.

Jürgen Habermas, die Autorität der Kritischen Theorie, wird das anders sehen. Sollten Sie sich nicht einmal direkt mit ihm auseinandersetzen?

Ich habe ihm damals, als unser Streit manifest wurde, über den gemeinsamen Verlag und über Journalisten, die uns beide kennen, ein halbes Dutzend förmliche Duell-Einladungen übermittelt, aber er hat sich immer entzogen.

Es scheint ziemlich kompliziert zu sein, miteinander ins Gespräch zu kommen. Ständig antworten Echos auf Echos.

41 Dieses Gespräch zwischen Peter Sloterdijk und Matthias Matussek erschien unter dem Titel »Die Eingeweide des Zeitgeistes. Der Philosoph Peter Sloterdijk über seine umstrittenen Thesen zum Steuerstaat und sein Manifest für Leistungsträger« im Nachrichtenmagazin *Der Spiegel* (26. Oktober 2009, S. 172 f.).

Ich beklage das wie Sie. Faktisch haben die Habermasianer es fertiggebracht, den zwanglosen Zwang des besseren Arguments durch den sehr zwangvollen Zwang der schnelleren Denunziation zu ersetzen – und wo sich Denunzianten zu Wort melden, ist die Debatte vorbei, bevor sie begonnen hat. Es werden hierzulande keine Argumente, sondern Anschuldigungen ausgetauscht.

Nun haben Sie für die Zeitschrift Cicero *auch noch ein »bürgerliches Manifest« geschrieben, in dem Sie ...*

... hier muß ich gleich Einspruch erheben, weil ich den Begriff »bürgerlich« allzu mehrdeutig finde. Ich spreche vom Bürger ausschließlich in seiner Eigenschaft als Steuerbürger, während der Ausdruck »bürgerliches Manifest« an etwas denken läßt, was außerhalb meiner Absichten liegt.

Also Staatsbürger. Aber gegen »Manifest« haben Sie nichts?

Der Ausdruck ist mir recht, weil meine Zuspitzungen ihn rechtfertigen.

Was treibt Sie, sich jetzt auch noch in die Tagespolitik einzumischen?

Meine Intervention ist nicht tagespolitisch, sondern betrifft die semantischen Verhältnisse einer ratlosen Gesellschaft. Als Zeitdiagnostiker ist es mein Beruf, in den Eingeweiden des Zeitgeistes zu lesen. Wie viele andere Zeitgenossen ziehe ich seit einem Jahr Konsequenzen aus der Finanzkrise – und mache mir Gedanken über die vielbeschworene Wiederkehr des Staates. Ich setze aber den Akzent an einer Stelle, die viele lieber nicht beleuchten. Ich gehe der Frage nach, woher überhaupt der plötzlich wieder stark scheinende Staat seine Stärke nimmt – und die Antwort heißt: Sie beruht auf der Zwangsbesteuerung.

Das ist nun mal unser System. Aber Sie fordern einen Aufbruch derjenigen, die den Staat finanzieren. Wohin sollen die aufbrechen?

Ich glaube, daß wir den Steuerstaat und mit ihm das ganze öffentliche Zusammensein nur dann reformieren können, wenn wir uns dem Staat gegenüber nicht als Schuldner, sondern als Geber begreifen. Ich möchte dem gebenden Bürger einen Rahmen für eine veränderte Selbstauffassung anbieten.

Sie sprechen von »Stolzkultur«. Ist das Ihr ideologischer Kampfbegriff für die Besserverdienenden?

Ich interessiere mich nicht für die Besserverdienenden, sondern für alle, die genug verdienen, damit sich bei ihnen der fiskalische

Zugriff lohnt. Stolz ist zudem kein Kampfbegriff. Es ist ein Weckruf, der darauf hinweist, daß die Gesellschaftsmaschine bis auf weiteres nur von den Leistungen der Steueraktiven lebt, und die bilden eine relative Minderheit. Leider hat man bei uns die Tatsachen und die Zahlen in den Keller gesperrt. Rund 25 Millionen Menschen zahlen in Deutschland in nennenswertem Umfang Steuern, sofern man von den Konsumsteuern und der Mehrwertsteuer absieht, die wirkliche Flächensteuern sind. Rein fiskalisch gesehen sind diese 25 Millionen die Leistungsträger, die den Rest der 82-Millionen-Population in Deutschland mittragen. Nicht nur Junge und Alte, was völlig in Ordnung ist, sondern auch ein wachsendes Heer an Leistungsfernen, die, da sind sich die Experten einig, tendenziell nie wieder in der Leistungszone auftauchen werden, weil sie durch das Transfersystem in eine maligne Abhängigkeit gelockt werden.

Maligne bedeutet in der Medizin bösartig.

Bösartig ist, was sich weder von selbst noch durch die laufende Behandlung bessert. Wir haben auf Kosten der Steueraktiven ein einzigartiges Umverteilungssystem geschaffen, das zudem enorme latent illegale Subventionen in bestimmte Industrien kanalisiert. Man wartet seit längerem auf eine umfassende Darstellung der Verhältnisse, doch bei solchen Themen schläft unsere Kritische Theorie den kritischen Schlaf der Gerechten.

Jetzt sprechen Sie wie ein Neoliberaler.

Ich spreche als lebenslanger Sozialdemokrat, der über die Zustände erschrocken ist. Riefe ich zur Demontage des Sozialstaates auf, was ich in keiner Weise tue, wäre die Empörung mancher Kritiker wohl erklärbar. Doch mir ging es um etwas völlig anderes, nämlich den sozialpsychologischen Umbau der Gesellschaft oder besser um eine psychopolitische Umstimmung. Ich möchte darauf hinwirken, daß das Klima, in dem die Bürger *a priori* als Schuldner des Staates gesehen werden, abgelöst wird durch ein alternatives Klima, in dem sich alle darüber Rechenschaft ablegen, wer die gebenden Gruppen sind. Außerdem würden sich in einer Geberkultur die Aktiven besser um das kümmern, was aus ihren Spenden wird – sie würden ihre Gelder zum Teil selber an bestimmte Gemeinwohladressen fließen lassen. Jetzt aber herrscht nur dumpfe Hinnahme der Abgaben und ebenso dumpfer hintergründiger Widerstand.

Sie glauben, daß Menschen, die von der nehmenden auf die gebende Seite wechseln, mit sich und anderen bessere Erfahrungen machen. Das klingt genauso wie »Geben ist seliger denn Nehmen« aus der Bibel. Glauben Sie, daß Sie damit in der politischen Arena bestehen können?

Darum geht es doch nicht. Ich möchte eine Gesellschaft voranbringen, die auf einem Wettbewerb stolzer Geber beruht und nicht auf der dumpfen Konfiskation von geschuldeten Gütern. In den Stadtstaaten der Antike haben die Wohlhabenden den großen Rest des Gemeinwesens ganz selbstverständlich mitgetragen, aber nicht aufgrund von Schuldgefühlen, sondern weil das Wertesystem sie dazu motivierte. Deren Aktivitäten wurden als ein »euergetisches System« beschrieben, ein Netzwerk der »guten Werke«. Das klingt fürs erste nach Neuem Testament, aber der zugrundeliegende Gedanke reicht weiter zurück. Im übrigen ist dieser antike Gedanke in den USA, in denen *unter christlichem Gewand* viel mehr römische Motive wiederaufgenommen wurden, als Europäer erkennen, zu neuem Leben erwacht, denn dort gibt es in spektakulären Formen, was hier nur ganz diskret passiert: ein neues euergetisches Netzwerk und einen lebhaften Großzügigkeitswettbewerb der Wohlhabenden, weit über die Steuerpflichten hinaus.

Die Finanzkrise wurde durch Leute ausgelöst, die von Gier getrieben waren und sich nicht im geringsten ums Gemeinwohl geschert haben.

Das glaube ich nicht – oder nur zur Hälfte. Technisch gesehen, ist die Krise vor allem durch die abstruse Niedrigzinspolitik der Zentralbanken ausgelöst worden, wodurch das Anlagekapital dazu verführt wurde, sich auf alles zu stürzen, was mehr als null bringt. Etwas anderes ist die Frage nach der psychopolitischen Steuerung der Kultur im ganzen, und auf diesem Feld trifft die Feststellung zu, daß die Balance zwischen Gier und Stolz völlig verlorengegangen ist. Würden wir den Akzent auf die stolzen, die gebenden Tugenden zurückverlagern, würden wir mit der Zeit eine andere Zivilisation ansteuern. Die wäre nicht notwendigerweise postkapitalistisch, aber sie würde das jetzige gierbetonende System hinter sich lassen. Solange wir eine solche Umstimmung nicht erreichen, bleibt nur der unvornehme Steuerzwang, um die Menschen an ihre vornehmeren Aufgaben zu erinnern.

Was schlagen Sie vor?
Ein Gedankenexperiment. Stellen wir uns vor, wie es wäre, wenn die Summen, die jetzt durch die Zwangssteuer aufgebracht werden, durch spontane Abgaben der Bürger zusammenkämen.
Ein utopisches Gedankenspiel. In unserem System ist das unvorstellbar. Die Pointe zielt doch wohl in eine ganz andere Richtung. Im Moment übertreffen die Transferleistungen an die Banken bei weitem diejenigen für die Hartz-IV-Empfänger. Da wurden über Nacht Hunderte von Milliarden lockergemacht – virtuell zumindest. Offenbar ist der Staat viel reicher, als wir gedacht haben.
Diese Enthüllung verdanken wir der Krise, und es war höchste Zeit, daß wir uns an den Staat und sein Verfahren, reich zu werden, erinnerten. Vor der Lehman-Pleite lebten wir in einem Zustand der vollkommenen Staatsvergessenheit. Man bekam zeitweilig den Eindruck, wir bevölkerten einen ökonomischen Dschungel, aus dem sich die Staatsmacht zurückgezogen hatte. Der Staat ist aber als nehmende und umverteilende Hand letzter Instanz in unserem Weltentwurf unübertroffen. Bei einer Staatsquote von rund fünfzig Prozent kann es nicht ausbleiben, daß der Staat die größte Wirtschaftsmacht darstellt. In der Frühzeit der BRD lebten wir mit einem rein soziologistischen Weltbild, heute ist es ein ökonomistisches, aber in dem einen wie dem anderen ist die Staatsblindheit programmiert.
Mit Helmut Kohl, sagen Sie, habe der Stillstand begonnen. Und auch wohl die Unlust an der Politik. Immerhin bleibt er doch der Kanzler der Einheit.
Hätte ihm nicht ein glückliches Schicksal den Ball der Einheit zugeworfen, den er geschickt gefangen hat, dann hätten ihn die normalen politischen Bestrafungsmechanismen um 1989 aus dem Amt befördert. Seine Gegner, auch in der CDU, hatten sich ja schon unübersehbar formiert. Durch seine gute Rolle in den kritischen Tagen nach dem Fall der Mauer bekam er ein Jahrzehnt im Kanzleramt hinzugeschenkt.
Und das führte dazu, so sieht es wenigstens die Linke, daß das Bürgertum in der Ära Kohl seinen Sieg über die 68er feiern konnte?
Gewiß, aber die 68er haben umgekehrt auch ihren Sieg über die bürgerliche Gesellschaft gefeiert, indem sie sie mit den Freiheiten ansteckten, die sie seit den heroischen sechziger Jahren ausprobierten. Es gab plötzlich eine Konsumerlaubnis von links.

Die war überfällig.
Natürlich. Ich erinnere mich gut: Man hat das Land damals förmlich in eine genießende Lebensweise umkippen sehen. Die genußethische Wende liefert den sozialpolitischen Subtext zur Kohl-Ära. Für die ältere BRD war eine Sexualaufklärerkarriere wie die von Oswalt Kolle typisch, für die Kohl-Ära die des Gourmet-Kritikers Wolfram Siebeck. Unter Kohl traten die Erben und Berufsurlauber auf den Plan, die uns vormachten, wie schön das Leben sein kann, wenn man tüchtige Eltern begräbt.
Nach Kohl kamen die rot-grünen Alphamänner, da kamen Schröder und Fischer, die den Reformstau erbten und mit ihrer Agenda 2010 letztlich ihren Untergang selber herbeiführten.
Kohl hat den Begriff der Opposition neu definiert: Opposition beschreibt nicht mehr die Funktion der Nichtregierungsparteien. Opposition wird wirksam nur von der aktuellen Regierung ausgeübt, indem sie ein Chaos hinterläßt, an dem die Nachfolgeregierung mit Sicherheit scheitert. So ging es der SPD von 1998 bis 2005.
Nun ist diese Partei eine Ruine. Welche Gefühle haben Sie noch für die SPD?
Ich würde sagen Melancholie und Nachsicht. Ich habe *nie* etwas anderes als die SPD wählen können, aus familiären und persönlichen Gründen, nicht unbedingt aus philosophischen. Aber es gibt einen Trost: Die objektive Sozialdemokratisierung der Staatsstruktur sorgt dafür, daß man die Sozialdemokratie als Partei während ihres Aufenthalts im Oppositionssanatorium vorübergehend entbehren kann.

9. Ansichten der Finanzkrise

Im Gespräch mit Sven Gächter[42]

Sven Gächter: Nach einer stark vereinfachenden Sicht der Dinge brach die Finanz- und Weltwirtschaftskrise mit der Insolvenz von Lehman Brothers aus. Ist der Kapitalismus am 15. September 2008 in seine tiefste Sinnkrise gestürzt?

Peter Sloterdijk: In keiner Weise. An diesem Tag wurde lediglich der Offenbarungseid über die Verfehltheit einer Niedrigzinspolitik geleistet, mit der fast ein Jahrzehnt lang die sogenannten Selbstheilungskräfte des Marktes stimuliert werden sollten. Seither weiß man noch besser, was man auch vorher wissen konnte: Die Weltwirtschaft ist ein Ungleichgewichtssystem, das sich durch die chronische Flucht nach vorn stabilisiert – von einer Instabilität zur nächsten.

Ist diese labile Dynamik ein konstitutives Merkmal von Kapitalismus?

Ich würde den Ausdruck »Kapitalismus« hier lieber in Anführungszeichen setzen, weil die von Spekulation geprägten Krisenvorgänge, mit denen wir es zu tun haben, das reale Kapitalsystem nicht authentisch abbilden. Nach der Marxschen Definition findet Kapitalverwertung statt, indem Geld auf dem Umweg über die Ware zu mehr Geld wird. Die klassische Kapitalismustheorie ist an die Warenmetamorphose gebunden und daher produktionszentriert. In den vergangenen Jahrzehnten ist aber eine gespenstische Sonderentwicklung im Bereich der Finanzwirtschaft in Gang gekommen, bei welcher Geld auf dem Umweg über Geld zu mehr Geld werden soll, ohne daß das Geld sich in Kapital verwandelt – das heißt, ohne daß es jemals die Sphäre der Produktion berührt. Das alles spielt sich in hermetischen Clubs ab – dort sind Zentralbanken, Geschäftsbanken und Fonds unter sich und betreiben ein

42 Dieses Gespräch zwischen Peter Sloterdijk und Sven Gächter erschien unter dem Titel »Ein riesiges Wettbüro für das legale Glücksspiel« in: *profil*, Jahrzehntrückblick (21. Dezember 2009, S. 56-62).

riesiges Wettbüro für das legale Glücksspiel, das vorgibt, die Wirtschaft selbst zu sein. Die Schlüsselrolle in diesem System liegt naturgemäß bei den Zentralbanken, die mit ihrer aberwitzigen Politik des billigen Geldes ihre Mitspieler zur Spekulation verführen.

Sie sind der Meinung, die Zentralbanken haben mit ihrer Niedrigzinspolitik den weltweiten Spekulationswahn ausgelöst?

Die Geschäftsbanken wurden von den Zentralbanken regelrecht genötigt, auf die Droge Billiggeld einzusteigen. Vorgeblich hoffte man, mit leichtem Geld die reale Wirtschaft anzukurbeln, in Wahrheit hat man den Spekulationsmarkt beflügelt. Denn was ist Spekulation? Sie bedeutet, kostenloses Geld, das man nicht braucht, aber so nebenher mitnimmt, in Geschäfte zu stecken, von denen man nichts versteht, die man aber so nebenher betreibt – vorausgesetzt, sie bringen mehr als ein Prozent, und jedes vernünftige Geschäft sollte doch mehr als ein Prozent Rendite abwerfen. Sie und ich, wir haben keinen Zugang zum Schalter einer Zentralbank, aber hätten wir ihn, würden wir nicht anders handeln als die Spekulanten, weil niemand so dumm ist, sich die Geschenke der obersten Geldmacher entgehen zu lassen. Deshalb hat es überhaupt keinen Sinn, hier mit sozialpsychologischen Kategorien wie »Gier« zu operieren – es geht um völlig rationales Verhalten.

Rationales Verhalten unter den Voraussetzungen von falscher Finanzpolitik.

So ist es. Eine Begleiterscheinung der Lehman-Krise war darum die fast gerührte Rückwendung zu dem Phänomen Realwirtschaft. Dieses Wort feierte im Herbst 2008 ein triumphales Comeback. Alle hatten plötzlich ein warmes Timbre in der Stimme, wenn sie es aussprachen. »Realwirtschaft«, das war mit einem Mal der utopische Horizont, das war der gute alte ehrliche Kapitalismus, in dem Geld gegen *wirkliche* Waren und *wirkliche* Dienstleistungen getauscht wird. In ihm schien die ökonomische Welt noch in Ordnung zu sein, und von ihm sollte die Heilung für die spekulativen Tumore kommen.

Handelt es sich dabei nicht um eine gefährliche Selbsttäuschung?

Man übersieht gern, daß auch die Realwirtschaft von jeher durch und durch kreditabhängig ist. Fast alle Unternehmen machen Schulden, und wer Schulden hat, steht unter Zinsstreß, weil er ständig seine Schuldentilgungsfähigkeit und damit seine Profitabilität beweisen muß. Wer das nicht schafft, wird vom Marktgeschehen ausradiert. Die aktuelle Krise war ja vor allem ein großes wirtschaftspolitisches Seminar über diesen Punkt, ein Seminar, das absurderweise überwiegend von denselben Leuten geleitet wurde, die ihre Inkompetenz schon zuvor kräftig unter Beweis gestellt hatten.

Waren nicht auch, zumindest im Ansatz, gewisse Lerneffekte zu verzeichnen?

Immerhin gibt es jetzt einen Konsens darüber, daß ein zweites Desaster à la Lehman verhindert werden sollte. Die meisten Experten, auch in den USA, tendieren heute zu der Meinung, daß es ein Fehler war, die Bank fallenzulassen. Boshaftere Beobachter meinen, dies sei eine kalkulierte Maßnahme im Weltwirtschaftskrieg der USA gegen den Rest der Welt gewesen. Ich halte diese Theorie für eine Überinterpretation. Es mag wohl einen Weltwirtschaftskrieg geben, aber ich sehe keinen Generalstab, der fähig wäre, die Megapleite als Kriegswaffe einzusetzen.

In den Weltfinanzzentren wird schon wieder fieberhaft an der nächsten Spekulationsblase gearbeitet. Ist Kapitalismus ohne Blasen überhaupt denkbar?

Noch einmal: Das Kapitalsystem bedeutet zinsstreßgetriebenes Wirtschaften, das immer mit einem Fuß in realen Produktionen und realen Dienstleistungen steht. Das Finanzsystem hingegen wäre eher mit einem seriös camouflierten Kasino zu vergleichen. »Kapitalismus« ist ohne Krisen nicht zu denken: Es kommt unweigerlich immer wieder zu technischen Innovationen, bei denen alle mitmachen müssen, um ihre Unternehmenswerte zu verteidigen. Gleichwohl ist von vornherein klar, daß sich gut ein Viertel der innovierenden Wettbewerber nicht werden halten können – sie fallen den typischen Überkapazitätskrisen zum Opfer.

Darwin, auf Marktwirtschaft umgelegt?

Wenn Sie so wollen. Die »Standardkrise« jedenfalls wird mit Darwins Logik gut verständlich, insofern der Darwinismus ein elegantes Instrument zur Deutung des Unterschieds zwischen längeren und kürzeren Erfolgsgeschichten bei Arten, Unternehmen und Kulturen darstellt. Die weniger anpassungstüchtigen unter den Wettbewerbern werden früher eliminiert. Diese robuste Krisentheorie zählt seit dem 19. Jahrhundert zum Basiswissen der Ökonomie. Die Blasenproblematik gehört aber einer ganz anderen

Ordnung von Phänomenen an. Blasen können nur dann anschwellen und platzen, wenn kurzfristig bestätigte, längerfristig illusorisch überhöhte Gewinnerwartungen in der Welt sind, die an das Temperament der Spielernaturen unter den Marktteilnehmern appellieren. Für kurze katastrophische Pulsationen ist Darwins Logik nicht zuständig.

Sind nicht die Folgen der sogenannten normalen Krisen schon katastrophal genug?

Das kommt ganz auf die Systeme der Krisenvorsorge an. In den typischen Überproduktionskrisen verschwinden zwanzig bis dreißig Prozent der Wettbewerber vom Markt, die übrigen teilen ihn bis zur nächsten Innovationswelle unter sich auf. Solche Standardkrisen führen in der Regel dazu, daß eine begrenzte Anzahl von Beschäftigten, wie man sagt, »freigesetzt« wird, was unmittelbar die Sozialpolitik auf den Plan ruft: Wer Kapitalismus sagt, sagt darum auch Sozialpolitik. Sobald man sich für eine Wirtschaftsform entschieden hat, die nicht primär sozial denken kann, sondern zunächst nur Überlebenskämpfe zur Werterhaltung von Produktivkapital forciert, sind Freisetzungseffekte unvermeidlich. Im selben Maß wird Sozialpolitik unverzichtbar. Folglich muß ein System geschaffen werden, das die unvermeidlichen Verlierer der Krisen durch Sozialhilfen, Arbeitslosengeld, Umschulungsprogramme reintegriert und sie durch Umleitung in neue Beschäftigungsverhältnisse bindet. Man könnte sagen: Standardkatastrophen werden durch Standardkompensationen abgefedert.

Mit dem Fortgang der Krise steht dieses System jedoch auf der Kippe. Drohen bei steigender Arbeitslosigkeit nicht massive soziale Verwerfungen?

Die alten Kulturnationen Europas sind mit starken inneren Kohäsionskräften und entsprechend massiven Solidaritätskonzepten ausgestattet. Gefährlich ist die Situation viel eher in den Nationen der dritten, vierten oder fünften Generation – in den improvisierten Nationen, die erst im Lauf des 20. Jahrhunderts entstanden sind. Sie haben sich als Kulturnationen nicht gefestigt, sie kennen daher keine nationweit wirksamen Solidaritätsgefühle und keine volksgemeinschaftlichen Bindungen. Große Teile von ihnen bleiben weiterhin stammeskulturell gegliedert. Man konnte das exemplarisch beim Zerfall von Jugoslawien beobachten, als gewisse neotribalistische Reaktionsmuster aufbrachen. Dem Sozialismus ist nirgendwo eine effektive Nationenbildung geglückt, weshalb nach dessen abruptem Ende massive Desolidarisierungsphänomene zutage traten. Paradoxerweise gehörte Solidarität nie zu den Stärken der sozialistischen Systeme, sie zeigt sich eher in alten, bürgerlich geprägten Kulturnationen und in religiösen Gruppen.

Ist der traditionell sozialstaatlich verfaßte Westen immun gegen solche Zerfallstendenzen?

Die westlichen Nationen älteren Typs verfügen über relativ gut ausgebaute Institutionen der Umverteilung. In Deutschland etwa gehen sie bis ins letzte Drittel des 19. Jahrhunderts zurück, als Bismarck die vernünftig erscheinenden Forderungen der Sozialdemokratie zur herrschenden Politik machte. In den neunziger Jahren des 19. Jahrhunderts führte Preußen die progressive Einkommensteuer ein, etwas, woran Bürgertum und Aristokratie vorher nur mit Grauen zu denken vermocht hatten. Die Errungenschaften des Sozialstaats sind tief in unser Moralgefühl eingesickert, und hinter diese Standards wird man bei uns nicht so leicht zurückfallen. In den Ländern, in denen es ohnehin nie effiziente Sozialsysteme gab, wird jedoch die neue soziale Frage unter dem Druck der Verhältnisse im 21. Jahrhundert heftiger aufbrechen.

Was halten Sie von der oft als quasi naturgesetzlich beschriebenen Koppelung von Demokratie mit freier Marktwirtschaft?

Von Naturgesetzlichkeit kann bei diesem Miteinander keine Rede sein. Historisch betrachtet, hat sich die Zivilgesellschaft ausschließlich in einigen alteuropäischen Nationen parallel zur Geld- und Kreditwirtschaft entwickelt. Der aktuelle asiatische Gegenentwurf spricht für sich: Im fernöstlichen Machtbereich sind Formen des autoritären Kapitalismus entwickelt worden, die im Lauf der Zeit durchaus zur Herausforderung des westlichen *way of life* avancieren könnten. Japan pflegt seit langem einen strukturierten Kapitalismus auf der Basis einer kaiserlich-staatlichen Planwirtschaft. In Südkorea wurde eine Marktgesellschaft per Entwicklungsdiktatur implantiert und erst nach Erreichen einer gewissen Wohlstandsschwelle in eine formale Demokratie überführt. Und schließlich gibt es den extrem bedeutsamen Modellfall Singapur, wo Lee Kuan Yew eine Art benigner Wohlstandsdiktatur installierte. Nach seiner Analyse ruht die westliche Kultur auf drei Grundpfeilern: der geldwirtschaftlich-kapitalistischen Produktionsweise, dem wissenschaftlich-technologischen Zugriff auf die Natur und der demokratisch-individualistischen Lebensform. Davon hat er die ersten beiden Elemente übernommen, an die Stelle des dritten tritt in dem eher holistischen Wertgefüge Asiens eine konfuzianische Sozialethik mit einem starken paternalistisch-autoritären Element. Lee Kuan Yew nimmt für sich in Anspruch, vom Sessel des wohlmeinenden Patriarchen aus die Entwicklung seines Landes besser steuern zu können, als es auf Basis einer demokratischen Gremienkultur möglich wäre. Er weiß mithin sehr genau, daß Demokratie und Kapitalismus voneinander trennbare Größen sind. Auch Deng Xiaoping wußte das, als er die maoistische Ära in China für beendet erklärte.

Kollektiver Wohlstand im Tausch gegen individuelle Freiheiten: Fürchten Sie, daß nach der Verschärfung der Sicherheitsagenden unter dem Eindruck von 9/11 im Westen bald alle zentralen Lebensbereiche autoritär strukturiert sind?

Der große Verlierer des letzten Jahrzehnts ist in der Tat der Freiheitsgedanke altliberalen Stils. Immer mehr Menschen sind empfänglich für den Tausch von Freiheiten gegen Annehmlichkeiten, so als könne es Wohlfahrt für sie auf Dauer nur um den Preis von Gefügigkeit geben. Auf dieses Thema bin ich im abgelaufenen Jahrzehnt häufig zurückgekommen: Ich war von Anfang an entsetzt über die Leichtigkeit, mit der man hierzulande bereit war, sich einer von hysterischen Spießern formulierten Security-Agenda zu unterwerfen. Der überwiegend konservative Zeitgeist der Gegenwart manifestiert sich darin, daß die Bilanz unserer Errungenschaften an Liberalität und Komfort keinen positiven Widerhall im Inneren der Menschen mehr findet, vermutlich, weil der öffentliche Raum zu sehr von Verunsicherungen imprägniert ist. Hier liegt ein zivilisatorisches Paradoxon vor: Die in welthistorischer Perspektive bestversorgten und bestgesicherten aller Populationen sind zugleich die ängstlichsten und die mürrischsten.

Mit anderen Worten: Wir wissen nicht, wie gut es uns eigentlich geht?

Und wir wollen niemandem zuhören, der es uns sagt. Unsere mediale Konstruktion der Wirklichkeit bringt es mit sich, daß der Konsum von Streßthemen ständig zunimmt. Die Aufmerksamkeit der Massen ist ein Gut, das exklusiv von den großen Medien bewirtschaftet wird. Diese Entwicklung geht letztlich auf den August 1914 zurück, als die militärische Mobilmachung mit einer Unterwerfung der Bewußtseine unter die mediale Dauerhysterie gekoppelt wurde. Das ergab die erste Totalsynchronisation der kollektiven Aufmerksamkeit. Von diesem Standard des Informationskriegs gegen die eigene Bevölkerung sind wir auch in Friedenszeiten nie wieder abgegangen.

Die Weltaufmerksamkeit galt in den vergangenen Monaten vor allem der Finanzkrise und ihren Urhebern. Haben Sie für die vielgescholtenen Manager eher Verachtung oder Mitgefühl übrig?

Schon im 19. Jahrhundert wurde Unternehmensführung in vielen Fällen als Auftragstätigkeit vergeben. Damit entstand ein Sondertypus des leitenden Angestellten, von dem man bis heute – vor allem auch nach der Krise – gern vermutet, daß er für Geld zu jeder Schandtat bereit sei. Ich bin nicht sicher, ob solche Unterstellungen beschreibende Kraft haben. Manager sind, wie der Name sagt, Haushaltungsangestellte: Sie haben eine Menage erfolgreich zu führen, was eine gewisse Loyalität gegenüber dem ihnen anvertrauten Haus voraussetzt. Daß auch dem modernen Manager das Hemd näher ist als der Rock, war immerhin öfter zu beobachten. Mir scheint jedoch, daß die vielgenannte Gier der Manager eine volkspsychologische Projektion ist, die für die Beschreibung des Seelenhaushalts solcher Menschen nicht den geringsten Aussagewert hat. Es handelt sich bei ihnen ja zum großen Teil um Spielernaturen mit einem Drang zur Macht und deren Insignien. Man könnte sie eher als Abenteurer ansehen, die sich in die Unternehmenswelt verirrt haben. Wären sie nur großformatige Knauserer, wie man oft unterstellt, dann hätten sie es nie zu höheren Positionen gebracht. Herabsetzungsphantasien sind bei der Krisenbewältigung nicht hilfreich, sie vergrößern lediglich die Kluft zwischen der Denkweise der kleinen Leute und den Sorgen derer, die ganz oben stehen. Es gehört zum mentalen Elend unserer Gesellschaft, daß die Einfühlung in Verantwortungsträger in Zeiten der Krise versagt. Man sollte sich vor pauschalen Skrupellosigkeitsvorwürfen in bezug auf Manager oder Politiker hüten – die machen gelegentlich auch etwas richtig.

10. Von Zauberern und Philanthropen

Im Gespräch mit Eva Karcher[43]

Eva Karcher: Herr Professor Sloterdijk, kein Begriff war und ist in den letzten Monaten so häufig zu hören wie das Wort Krise.
Peter Sloterdijk: Es stammt aus der Medizin, zumindest in der Form, in der wir es gebrauchen. »Krisis« meint den Entscheidungskampf eines Organismus, aus dem dieser entweder als überlebender Sieger oder als toter Verlierer hervorgeht.
Das klingt dramatisch – der aktuellen Situation angemessen?
Nein. Nach dieser Definition ist der Zustand, in dem wir uns befinden, keine Krise. Denn, und darüber sind sich alle einig, das Resultat der jetzigen Krise kann nur die nächste Krise sein. Das Beste, was wir erreichen können, ist eine Vertagung der Endkrise oder besser: das Außerkraftsetzen der Endkrise durch die permanente Krise.
Müssen wir also in der Krise heimisch werden?
Um bei medizinischen Redeweisen zu bleiben: Wir beobachten an der heutigen Ökonomie einen chronischen Defekt. Für den chronisch Multimorbiden, und um einen solchen handelt es sich bei der modernen Gesellschaft, gibt es keine Krise mehr, die zur Gesundung führen könnte. Was bleibt, sind Maßnahmen, um lebensgefährliche Verschlechterungen des Befunds zu dämpfen oder zu verschleiern. Wir bewegen uns im Bereich der palliativen Medizin, die Symptome mildert, nicht heilt.
Entstand die Krise nicht auch aufgrund eines Mißverhältnisses zwischen Virtualität und Realität? Daraus, daß sich die virtuellen Finanzmärkte von der realen Wirtschaft abgespalten haben?
Vor Jahren benutzte Altbundeskanzler Helmut Schmidt im Blick auf das Verhältnis von Finanzwesen und produzierender Wirtschaft eine schöne Metapher: Geldmengen müßten eine Art Kleid sein,

43 Dieses Gespräch zwischen Peter Sloterdijk und Eva Karcher erschien unter dem Titel »Zukunft« in *SZ am Wochenende*, der Wochenendbeilage der *Süddeutschen Zeitung* (3. Januar 2009).

das einem Körper angemessen wird. Es sollte eher locker fallen, *casual*, wie man sagt. Nun hat sich aus dieser lockeren Finanz-Couture eine aberwitzige, gespenstische Umhüllung entwickelt, die haltlos im Raum flattert. Es gibt Schätzungen, die selbst typischerweise unscharf sind: Die eine nimmt an, die Finanzwirtschaft habe sich im Faktor eins zu zehn gegenüber der Realwirtschaft aufgebläht, die andere sagt, im Faktor eins zu fünfzig. Zur Maßlosigkeit gehört, daß man nicht einmal mehr sagen kann, in welchen Dimensionen man sie sich vorstellen soll. Daraus folgt alles übrige, vor allem das Gefühl einer bodenlosen Wertinflation, die sich nicht nur auf ökonomische Güter, sondern auf sämtliche Wertskalen bezieht. Man weiß nicht mehr, was groß und klein, was viel und wenig ist. Von Stabilität wagt niemand mehr zu sprechen.

Statt dessen redet man von einem Zyklus aus Gier und Angst wie von einem naturgegebenen Teufelskreis – ist das nicht eine peinlich darwinistische Begründung?

Ich glaube nicht, daß Gier-und-Angst-Zyklen die richtige Formel liefern. Unser System schwingt durch die Extreme von Enge- und Weite-Gefühlen bzw. von Ernst und Frivolität. Die eigentlichen Opponenten sind also Enge-Zustände wie Sorge und Knappheitserleben, die zur Selbstbeschränkung motivieren, und Weiteempfindungen bis hin zur Illusion, fliegen zu können. Das letzte Jahrzehnt gehörte ganz klar der Frivolität – der typischen Belle-Epoque-Stimmung. Sie erlaubte den Adlerflug der Gier über einer ungeheuren Landschaft von Gewinnen. Die maßgebliche Antithese ist also das Hin und Her zwischen der angstgetönten Sorge und dem Rausch des Leichtsinns. Letzterer tritt ein, wenn man den Widerstand des Realen nicht mehr spürt.

Rausch – das Wort gehört ins Vokabular der Abhängigkeiten.

Richtig. Doch waren die »High«-Macher der letzten zwanzig Jahre rein semantische Drogen: an erster Stelle enthemmte Gewinnerwartungen und haltlose Vermögenseinbildungen.

Ihr Motor, die Gier, ist eindeutig ein Suchtphänomen. Nicht umsonst zählt sie zu den sieben Todsünden. Ist die biblische Moral nicht mehr relevant?

Papst Gregor der Große hat in seinem Lasterkatalog zwei ökonomiebezogene Haltungen als gefährliche Deformationen der Seele beschrieben. Die eine ist *gula*, Gefräßigkeit oder orale Maßlosigkeit, die andere *avaritia*, der Geiz oder entgrenztes Habenwollen.

Sind das Tendenzen, die auch heute noch aktuell sind?

Von einer direkten Anwendung der alteuropäischen Lasterkataloge auf die heutige Lage halte ich wenig. Die Welt ist nicht gieriger oder geiziger geworden als früher. Wenn aber die amerikanische Zentralbank Geld für null Zinsen emittiert, dann muß der vernünftige Global Player – beinahe hätte ich gesagt – Global Prayer …

… wie zutreffend!

… zugreifen, weil er sich sonst einen Nachteil gegenüber denen einhandelt, die es mitnehmen. Die Finanzkrise hat ihren Grund in technischen Fehlern der Zentralbanken. Hinter ihr steht der Streit zwischen einem inflationistischen und einem anti-inflationistischen Kurs in der Geldpolitik. Was wir heute erleben, ist eine Folge davon, daß sich die Inflationisten bzw. die Schuldenakrobaten auf ganzer Linie durchgesetzt haben.

Ein Skandal?!

Wenn die US-Notenbank zur Behebung der Defizite die Rotationspressen laufen und zusätzliche Trillionen Dollar ausspucken läßt, dann kann man mit Händen greifen, wie die Umwertung aller Werte funktioniert. Dabei sind keine perversen Cäsaren am Werk, keine aufgeblasenen Übermenschen, die auf den Kopf stellen, was die Menschheit bis gestern für gut und richtig hielt. Die heutige Wertkrise ist das Werk grauer Bürokraten, die meinen, man könne dem Verlust an Vertrauen mit der Emission von Scheingeld abhelfen.

Weil sie ohnmächtig sind?

Sie sind nicht ohnmächtig, sondern Somnambule, die nichts aufweckt. In ihrem Weitermachen auf dem falschen Kurs liegen die Quellen aller Demoralisierung. Auch unsere Regierung ersetzt, wie fast alle anderen, fehlendes Geld durch Scheingeld. Sie versucht, mit einer energisch kaschierten Inflationsstrategie die Turbulenz zu meistern, die bereits eine Inflationskrise ist. Fällt Ihnen auf, daß in der ganzen Debatte nie das Wort Inflation fiel?

Stimmt. Und alles geschah im Zeichen des neoliberalen Glaubens an die problemlösende Macht des Marktes …

In Wahrheit im Namen eines magischen Weltbilds. Der eigentliche Held des Neoliberalismus ist *Harry Potter*.

Wie das?
Weil die Potter-Romane die Fibel einer Welt ohne Realitätsgrenze darstellen. Sie überredeten eine ganze Generation, den Zauberer in sich zu entdecken. Das englische Wort *Potter* bedeutet übrigens »Töpfer«, einen Handwerker, der Hohlkörper verfertigt. Nur Verlierer glauben heute noch an die Arbeit, die übrigen betreiben magische Töpferei und lassen ihre strukturierten Produkte fliegen.
Weil sie keinen Inhalt haben können?
Doch, sie sollen Inhalt haben, aber nicht für sich! Hohle Gefäße sind Medien, die aufnehmen, um abzugeben. Martin Heidegger hat in einer tiefsinnigen Betrachtung über das Wesen der »Dinge« am Beispiel eines Kruges ausgeführt, wie der seine Funktion nur in dem Maß erfüllt, als er hohl ist, mithin gefüllt werden kann. Was er erhält, gibt er in der Gebärde des Schenkens weiter. Der moderne Mensch hat den Schnabel des Krugs verstopft. Da fließt nichts mehr hinaus, das geht auf Dauer nicht gut.
Weshalb wir lieber mit dem Zaubern aufhören sollten?
Zaubern ist eine Tätigkeit, die das Verhältnis von Ursache und Wirkung verdunkelt. Die Verwirrung beginnt, wenn die Wirkung die Ursache maßlos übertrifft – ökonomisch gesprochen, wenn der Profit in keinem Verhältnis mehr zur Leistung steht. Genau diese Unverhältnismäßigkeit prägt die Grundstimmung der vergangenen Jahrzehnte. Zahllose wollten aus einer Wirklichkeit aussteigen, in der man für vierzig Stunden Arbeit pro Woche kaum ein Durchschnittseinkommen erreicht, während man durch ein paar Stunden Magie in die Runde der Superreichen aufgenommen wird. Wir haben eine gefährliche Rechenart erfunden. An die Stelle von prosaischen Gleichungen treten wunderbare Ungleichungen. Das ruiniert den Sinn für Adäquation.
Heißt das nicht, daß unsere Gesellschaft total aus der Balance geraten ist?
Auch die Erziehung bricht zusammen, sobald die Wenn-dann-Logik außer Kraft gesetzt wird. Sie können Ihren Kindern heute nur schwer erklären, daß, wenn sie sich so und so verhalten, dies oder jenes folgt. Es folgt ja nichts, wenn alles geht. Unser Sinn für Wenn-dann-Sequenzen ist ebenso demoliert wie der für Proportionen.
Aber wir wollten über die Zukunft sprechen! Haben wir nicht auch wichtige Gründe für Optimismus?

Bemerkenswert ist zunächst – das konnte man am florierenden Weihnachtsgeschäft in Deutschland und vielen anderen Ländern ablesen: Die Menschen immunisieren sich! Sie schirmen sich ab gegen die Schwindler und lassen sich ihr Lebensgefühl durch die Krisenrhetorik kaum trüben. Das ist ein Phänomen, das auf eine angemessene Deutung wartet. Ist es ein Teil des Frivolitätssyndroms, oder handelt es sich um eine gesunde Reaktion?

Wir hoffen letzteres! Vielleicht bietet der derzeit diskutierte philanthropische oder ethische Kapitalismus eine Perspektive?

Das Konzept des philanthropischen Kapitalismus läßt sich auf eine einfache Idee herunterbrechen: Die zornigen Armen hatten zwei Jahrhunderte Zeit, um zu beweisen, ob sie imstande sind, die Welt zu verbessern. Die Ergebnisse waren teils verheerend, teils ambivalent. Am Anfang des 21. Jahrhunderts liegt der Gegenvorschlag in der Luft: Laßt mal die Reichen zeigen, wie sie es besser machen. Sie schulden ja wirklich der Welt den Nachweis, daß sie mehr können, als nur ein übergebührlich großes Stück vom Kuchen der Welt aufzufressen.

Naht nun die Rettung von oben?

Die Reichen wollen sich selber retten, das ist evident. Es könnte aber sein, daß sie hierzu nebenbei die übrige Welt retten müssen. Die Frage ist also, ob eine philanthro-kapitalistische Makropolitik im Zusammenspiel mit einem spendablen Welt-Steuerstaat global lebbare Verhältnisse herbeiführen kann.

Und wie überlebt unsere Erde?

Die Erde wird die 50 Millionen Jahre bis zum nächsten großen Meteoriteneinschlag auch ohne uns und unsere Yachten und Luxusresorts bewältigen. Sie braucht uns nicht, wir hingegen brauchen sie, als Ressource und als Basis für das Zivilisationstreibhaus.

Wieso Treibhaus?

In Treibhäusern gilt der Primat des Inneren. Genau das ist die Lage der technischen Kultur vis-à-vis der Natur. Diese muß künftig als Teil der Zivilisation internalisiert werden. Der Mensch der prähistorischen und historischen Zeiten konnte seine Dramen vor dem Hintergrund einer Natur aufführen, von der man dachte, sie werde nie reagieren. Man ließ seine Abfälle praktisch folgenlos irgendwo liegen, die Hufeisen der römischen Kavallerie stekken heute noch im deutschen Schlamm. Doch wir haben die glücklichen Jahrtausende humaner Expansion hinter uns. Natur war das Außen, in dem unser Handeln scheinbar spurlos verschwand. Diese Auffassung ist für immer dahin. Mit einem Mal funktionieren unsere Externalisierungen nicht mehr, die Abfälle kehren zurück, der Wahnsinn verpufft nicht mehr in der Weite der Ozeane. Nun zeigt sich, daß die Natur ein Gedächtnis hat, sie sammelt Eindrücke, sie erinnert sich an uns. Jetzt müssen wir uns mit einer bedrohlich erinnerungsfähigen Natur zusammenraufen.

Das versuchen doch schon viele?

In diesem Punkt werden die Reichen einen hohen Beitrag zu leisten haben, sie hatten ja auch beim Externalisieren ihrer Handlungsfolgen die Nase vorne. So gesehen gehorcht jemand wie Al Gore nur seiner Pflicht. Wenn er und viele andere an der Natur ableisten, was ihrem *way of life* entspricht, kommt bestenfalls null heraus. Bei einem ökologischen Jüngsten Gericht wird den Reichen, die für die Umwelt etwas taten, im günstigsten Fall verziehen.

Ihr neues Buch trägt den Titel Du mußt dein Leben ändern*: der Appell der Stunde. Handelt es davon, wie wir überleben können?*

Es handelt von Anthropotechnik, von der Selbstformung des Menschen. Es beginnt mit einer Meditation über das berühmte Gedicht von Rainer Maria Rilke: »Archaischer Torso Apolls«. Da geht der leibesschwache Dichterling etwa im Jahr 1906 – zu der Zeit, als Rilke Sekretär des Bildhauers Auguste Rodin war – durch den Louvre und begegnet einer griechischen Statue. Daraus entsteht eines der großartigsten Gedichte der Moderne. Noch in diesem Körperfragment ohne Arme, Beine, Kopf und Geschlecht spürt er ein Übermaß an Vitalität und Männlichkeit, an dionysischer Energie und Athletismus, das ihn geradezu demütigt. Die Schultern des polierten Steins schimmern wie Raubtierfelle – nun gut, Rilke hatte seinen Nietzsche gelesen und wußte, Apollo stellt eine Erscheinung des Dionysos dar. Er blickt die Statue an, und die Statue sieht ihn an. Darauf vernimmt er eine Stimme aus dem Stein …

… »denn da ist keine Stelle, die dich nicht sieht. Du mußt dein Leben ändern« … Und wie betrifft uns das?

Ich schreibe die Geschichte dieses Appells, eine Geschichte des übenden Lebens. Seit 3000 Jahren ist ein Imperativ in der Welt, der Menschen verbietet, weiterzumachen wie bisher. Schon die brahmanischen Asketen Altindiens haben so empfunden. Seit dem

Aufblühen der Karmalehre entwickelte sich die Vorstellung vom Rad der Wiedergeburten – mit der Folge, daß eine Kultur des metaphysischen Pessimismus aufkam. Aus ihr ist unter anderem der Buddhismus hervorgegangen, der nicht umsonst zur Weltreligion der Gegenwart wird.

»Du mußt dein Leben ändern«, das klingt radikal.

Anfangs wird gefordert, alles liegen und stehen zu lassen und wegzugehen, um anderswo eine neue Definition der Existenz zu versuchen. Pythagoras erlegt seinen Jüngern erst einmal ein fünfjähriges Schweigen auf – die antike Form der Psychoanalyse.

Eine harte Schule ...

... der kathartische Grundgedanke ist klar: Der »alte« Mensch muß verstummen, bevor der neue entstehen kann.

Sprechen Sie von einer Art Häutung, einer Transformation?

Am Beginn von allem steht eine ethische Entscheidung: Sie trennt jene, die meinen, man müsse weitermachen wie bisher, von denen, die aus dem alten Leben austreten und ein neues schaffen wollen.

Rufen Sie zu einer Revolution des Bewußtseins, des Geistes auf?

Der Ruf liegt in den Verhältnissen. Auf den heutigen Moment angewendet, klingt die Alternative dramatisch – aber nicht dramatischer als die wirkliche Lage. Die Atmosphäre vibriert von diesem Appell. Jeder scheint ihn zu hören, selbst die vulgärsten Blätter schreiben davon. Dazu braucht man keinen Guru, keine äußere Autorität. Die Weltlage selbst übermittelt die Botschaft.

Und Barack Obama personifiziert sie?

Er ist das lebende Echo auf den ethischen Imperativ: Ja, wir können – unser Leben ändern! In seinem Fall behielten die Optimisten recht. Allein die Tatsache, daß er gewählt wurde, hat die Welt verändert. Wer das nicht wahrhaben will, ist weiterhin Opfer des Zynismus, den man sich zulegte, um zwei Amtszeiten Bush junior zu überstehen. Wir haben eine Dummheits-Periode ohnegleichen hinter uns. Das schlimmste dabei war, wie unsere europäischen »Realisten« die ganze Zeit predigten, man müsse auch mit einem häßlichen und dummen Amerika gemeinsame Sache machen. Das ist vorbei. Die gute Nachricht heißt: *Intelligence is back.*

11. Worauf beruht der Steuerstaat?

Im Gespräch mit Marc Beise[44]

Marc Beise: Herr Professor Sloterdijk, Sie fordern die Abschaffung der Zwangssteuern. Meinen Sie das ernst?
Peter Sloterdijk: Ich rege ein ernstes Gedankenexperiment an, denn die Umstellung von Zwang auf Freiwilligkeit stellt in meinen Augen eine der wichtigsten psychopolitischen und moralischen Fragen der Zukunft dar, in Steuerfragen wie in ökologischen Angelegenheiten. Wir leben nicht mehr in absolutistischen Verhältnissen, und Bürger sollen nicht wie Untertanen behandelt werden. Also muß man über das Phänomen der Steuern, sprich der Gemeinwohlleistungen in Zivilgesellschaften, von Grund auf neu nachdenken.
Wirklich? Das Grundgesetz regelt den Steuerstaat, genügt das nicht?
Ich wollte, es wäre so. Wenn Sie die Bestimmungen über das Finanzwesen im deutschen Grundgesetz nachlesen, Artikel 104 ff., fällt auf, daß die »Väter des Grundgesetzes« nicht einmal den Versuch einer demokratischen Neubegründung von Steuern und Abgaben ins Auge gefaßt haben. In diesem Punkt dachten sie in einer staatsabsolutistischen Kontinuität, die in aller Stille aus der Wilhelminischen Ära über die Weimarer Republik und das Dritte Reich hinweg wirkte.
Ist denn die gemeinhin vorgebrachte Begründung nicht ausreichend, wonach jedes Staatswesen für die Erledigung seiner gemeinschaftlichen Aufgaben eben Steuern braucht?
Sie sagen, der Staat »braucht«: Aber genau um die Qualität dieses Brauchens und um seine Begründung geht es in der aktuellen Debatte. Das Wort »brauchen« kann autoritär und obrigkeitlich ausgelegt werden – Reste dieser absolutistischen Tradition sind bei uns

44 Dieses Gespräch zwischen Peter Sloterdijk und Marc Beise erschien unter dem Titel »Wider die Verteufelung der Leistungsträger. Der Philosoph Peter Sloterdijk fordert eine Debatte über die neue Rolle des Staates und die Abschaffung der ›Zwangssteuern‹« in der *Süddeutschen Zeitung* (5. Januar 2010, S. 26).

virulenter, als man vermutet hätte. Das staatliche »Brauchen« kann auch sozialistisch ausgelegt werden: Wenn Eigentum Diebstahl ist, wie die altlinke Vulgata lehrt, dann dürfte ein kräftiges Maß an Gegendiebstahl legitim sein – auch diese Tradition ist *bei uns* noch auf diffuse Weise mächtig, nicht zuletzt beim akademischen und sozialkritischen Kleinbürgertum, das seine antikapitalistischen Stimmungen nie überprüft hat. Und schließlich könnte die Idee, daß der Staat finanzielle Hilfe seitens der Bürger braucht, mit einer demokratischen Neubegründung der zivilen Großzügigkeit zugunsten des Gemeinwesens ausgelegt werden. Diese dritte zivile Interpretation der Steuern vermisse ich auf der ganzen Linie. Wir haben uns in fiskalischen Dingen so sehr an die Zwangsabgabenkultur angepaßt, die alt-autoritäre wie die semisozialistische, daß über Alternativen nicht einmal mehr nachgedacht wird, weder bei den Begründungen noch bei den Prozeduren.

Zur Klarstellung: Sie verstehen unter Zwangssteuern alle Steuern?

Es geht mir um den Grundzug unseres Steuersystems, daß es den Gaben- oder Spendencharakter der zivilen Steuer absichtlich ausblendet und statt dessen nur ihren Zwangs-, Pflicht- und Schuldcharakter hervorhebt.

Glauben Sie wirklich, daß es anders funktionieren würde? Ist Ihr Vorschlag nicht ein Gedankenspiel, das philosophisch interessant sein mag, doch politökonomisch heikel bleibt? Wie steht es mit dem free rider*-Problem (ich will großzügig sein, habe aber den Verdacht, daß mein Nachbar knausert, und halte mich selber auch zurück, um nicht der Dumme zu sein)? Und muß sich der Staat, auf freiwillige Zuwendungen angewiesen, nicht bei potenten Spendern anbiedern?*

Das neue System würde sich mit der Zeit einspielen, trotz seiner evidenten Schwachstellen. Die zeigen sich ja sofort, und was Sie nennen, wäre nur der Anfang. An diese kritischen Beobachtungen würden aber neue Lernzyklen anschließen, die für Korrektur sorgen. Natürlich müßte man das alternative Regime schrittweise implantieren und die neue Freiwilligkeit in einer Übergangsphase mit dem alten Zwang verbinden, bis der letztere Faktor ganz wegfallen kann. Nach Jahrhunderten der bürgerlichen Duldungsstarre unter dem staatlichen Zwang darf man keine Wunder erwarten.

Dennoch bleiben starke Zweifel an der Funktionsfähigkeit eines Systems freiwilligen Gebens bestehen.

In der Schweiz stimmen die Bürger seit langem über die Höhe ihrer Steuern ab, ohne daß es je zu Hungersnöten gekommen ist. Ich gehe von der anthropologischen These aus, daß Menschen mehr sind als nur gierige Nehmer. Sie müssen sowohl als nehmende wie als gebende Wesen aufgefaßt werden. Wir machen uns einer groben Vereinseitigung schuldig, wenn wir die gebende Dimension im menschlichen Wirtschafts- und Sozialverhalten nicht gebührend herausstellen. Diese Ausblendung des Gebens ist ein dumpfes Erbe des 19. Jahrhunderts. Damals kam die These in Umlauf, das Bürgertum, genauer: die Klasse der *working rich*, der unternehmerischen Wohlhabenden, sei nichts anderes als die Fortsetzung der asozialen Feudal-Aristokratie mit den Mitteln des Unternehmenskapitals. Dies wurde zu einer fixen Idee, deren Schädlichkeit sich im Lauf des 20. Jahrhunderts erwiesen haben sollte.

Muß man nicht heute den Begriff working rich *durch den Ausdruck »Mittelschicht« ersetzen? Und sieht man dann nicht, daß es sich nicht mehr bloß um eine elitäre Geldaristokratie handelt?*

Ich habe in meinem Beitrag in der *Frankfurter Allgemeinen Zeitung*, mit dem ich im Juni 2009 die Debatte in Gang gebracht habe, ein wenig leichthändig angedeutet, daß gut die Hälfte der Einkommensteuern durch eine relativ kleine Minderheit von Zahlern erbracht wird ...

Stimmt ja auch.

Ein Blick in die Statistik verrät: Die oberen zehn Prozent der Steuerbürger leisten mehr als fünfzig Prozent der Einkommensteuern, und die oberen zwanzig Prozent etwa siebzig. Einige Kritiker haben sich über diesen Hinweis maßlos aufgeregt, als hätte ich ihnen die Möglichkeit wegnehmen wollen, die Wohlhabenden anzuklagen. Man hat gefolgert, ich würde mich nur für die Schicksale der wenigen erwärmen und den Rest ignorieren. Das Mißverständnis könnte nicht größer sein. Mit dem Begriff »Leistungsträger« verbinde ich eine strikt technische Definition: Er steht für die 25 Millionen steueraktiven Haushalte, die zur Stunde praktisch die Gesamtheit des Steueraufkommens in der Bundesrepublik tragen – bei einer Gesamtpopulation von 82 Millionen Einwohnern.

Wobei allerdings die indirekten Steuern inzwischen einen großen Anteil, nämlich rund die Hälfte des Gesamtvolumens, ausmachen.

Das ist mir nicht neu. Man verschweigt bloß gern, daß die an den Konsum gebundenen Steuern auch bei weitem nicht gleichmäßig von der gesamten Bevölkerung aufgebracht werden. Der Löwenanteil entfällt hier wieder auf die Bezieher der höheren und mittleren Einkommen, weil diese sich naturgemäß als die konsumintensiveren Haushalte hervortun. Wenn es ans Zahlen geht, ob Einkommensteuer, Mehrwertsteuer, Erbschaftsteuer, Kapitalertragsteuer, Mineralölsteuer usw., läuft es immer wieder auf dieselbe Gruppe hinaus. Im wesentlichen dreht sich alles um die kritischen 25 Millionen, nicht zuletzt um deren oberes Drittel, ohne dessen fiskalische Feuerkraft unser politisches Modell unhaltbar wäre.

Und diese 25 Millionen werden vom Staat ausgeplündert?

Das ist hart formuliert. Was Plünderungen angeht, denken bei uns viele noch immer ganz andersherum. Die größeren Steueraktiven werden als Ausbeuter beargwöhnt, denen nur recht geschieht, wenn man sie stark belastet. Die Mißdeutung der Unternehmenskultur ist bei uns ein alter Reflex. Man denunziert allzugern diejenigen, die etwas zu geben haben, indem man behauptet, sie hätten nur zu geben, weil sie vorher gestohlen haben. Der Glaube an die Legitimität des Gegendiebstahls hat den Bankrott des Sozialismus in den dumpferen Bewußtseinsschichten überlebt – nicht zuletzt bei den intellektuell stehengebliebenen Soziologieprofessoren, die sich in der aktuellen Debatte zu Wort gemeldet haben.

Hat dieser Zwangscharakter des Systems, der seit dem 19. Jahrhundert existiert und von dem Sie sagen, daß er nicht mehr zeitgemäß sei, die Menschen möglicherweise schon so deformiert, daß sie zum freiwilligen Geben gar nicht mehr bereit wären?

Wen wundert es, wenn im Klima der einseitigen Gier-Theorie viele Leute wirklich so werden, wie die Kritiker behaupteten? In anderen Nationen läßt sich die Gegenprobe machen. Ich habe kürzlich Statistiken gesehen, wonach in der Bundesrepublik im Jahr 2008 etwa vier Milliarden Euro für philanthropische und kulturelle Zwecke gespendet worden sind. Das klingt zunächst ganz gut. Doch in derselben Zeit sind in den USA nahezu 310 Milliarden Dollar freiwillig aufgebracht worden. Selbst wenn man die Größe der Populationen aufrechnet, ergibt sich für die USA beim Spenden eine zwanzigfache Überlegenheit. Und man kann nicht sagen, daß die Amerikaner mit ihren Zwangssteuern nicht auch schon reichlich belastet wären.

Und woran liegt das?

Amerikaner glauben nicht daran, daß Erfolg Schuld erzeugt. Das Menschenbild, das ihrer politischen Kultur zugrunde liegt, läßt für die generöse Dimension im Sozialverhalten große Spielräume offen. Damit wird in den Bürgern die Geberdimension systematisch herausgefordert. Wir wären gut beraten, uns auch in Deutschland und Europa zu einer Zivilisation des Geberwettbewerbes zu bekehren, statt weiter die einäugige Gier- und Profitjäger-Anthropologie zu pflegen, die uns mit den fragwürdigsten Traditionen des 19. Jahrhunderts verbindet.

Speist sich Ihr Zorn auf die herrschende Ideologie, wie Sie es nennen, aus eigenem Erleben? Sind Sie der Meinung, daß Sie persönlich zuviel Steuern zahlen?

Im Gegenteil. Meine Vorschläge haben ein philosophisches Motiv, aber auch eine autobiographische Note. Ich bin prinzipiell überzeugt, es tut den modernen Gesellschaften nicht gut, wenn man die gebende Dimension in der menschlichen Psyche kleinredet. Sicher bringe ich einen privaten Zugang zu diesen Fragen mit. Ich komme aus bescheidenen Verhältnissen und stelle doch seit einer Weile mit einer Mischung aus Genugtuung und Verwunderung fest, daß ich in die Lage gekommen bin, nicht nur Bagatellbeträge an die Finanzbehörden abzugeben. Ich meine, es paßt zu einem Philosophen, wenn er versucht, Verwunderung theoretisch zu bewältigen.

Sie würden aber diese Beträge gerne nicht zwangsweise abgeben müssen, sondern mitentscheiden, wie Sie Ihr Geld der Gesellschaft zur Verfügung stellen?

Ich gehe jedenfalls nicht davon aus, daß ich jedes Jahr beim Gemeinwesen hohe Schulden anhäufe, die ich tilgen muß, um nicht straffällig zu werden. Mir kommt es hartnäckig so vor, daß ich seit einer Weile dem Gemeinwesen etwas aus meinen Überschüssen abgebe. Im aktuellen System kann ich leider nicht mehr tun, als mir *privatissime* einzubilden, dies seien Spenden und nicht Bußgelder für ein Leistungsvergehen.

Findet Ihr Ansatz denn eine Entsprechung in der praktischen Politik? Platt gefragt: Muß jemand, der so denkt wie Sie, FDP wählen?

Ich kann seitens der Freien Demokraten nicht den geringsten Ansatz einer positiven Resonanz auf meine Thesen beobachten. Mit Genugtuung habe ich hingegen wahrgenommen, daß der neue

Bundesfinanzminister sich offenkundig für meine Überlegungen interessiert, andernfalls hätte er mich nicht vor kurzem nach Berlin zu einer Aussprache eingeladen.
Wie verlief das Gespräch mit Wolfgang Schäuble?
Wir kamen terminlich nicht zusammen. Aber ich hoffe, wir holen es nach.
Und was werden Sie Herrn Schäuble dann sagen?
Ich würde ihm sinngemäß das gleiche sagen wie Ihnen heute. Das soziale Band erodiert, wenn man die Leistungen der Steueraktiven zu einem zwanghaften Automatismus herabdrückt – als wären die Tüchtigen auf eine mysteriöse Weise strafbar.
Und was kann die Politik, was kann ein Finanzminister tun? Steuern senken?
Nein, von der Weisheit der Steuersenkungspolitik bin ich nicht *a priori* überzeugt. Wir können einzelne »Steuern« oder Abgabenvorschläge, wie ich lieber sagen würde, ohne weiteres höher ansetzen – wenn die kollektiven klimatischen Voraussetzungen stimmen. Es käme darauf an, den Stärkeren zu erklären, warum im Blick auf diese oder jene Aufgabe eine Zusatzanstrengung öffentlicher Großzügigkeit plausibel ist.
Ein gut motivierter Solidaritätszuschlag zum Beispiel zur Bewältigung der Kosten der Finanzkrise wäre etwas, mit dem Sie sich anfreunden könnten?
Warum nicht – immer unter der Prämisse, daß dabei die gebenden Tugenden angesprochen werden, zumal bei den Krisenverursachern. Man darf nicht länger mit der Fiktion daherkommen, die Leistungsträger täten zuwenig und müßten noch mehr Druck kriegen. Aber die Starken bei ihrer Stärke aufrufen, das ist sinnvoll.
Haben nicht alle Parteien bis hin zur Linkspartei im Bundestagswahlkampf die Bedeutung der Mittelschicht hervorgehoben und gefordert, daß die Leistungsträger nicht bestraft werden dürfen, sondern im Gegenteil entlastet werden müssen?
Mit Verlaub, das waren Lippenbekenntnisse. Die meisten Parteipolitiker interessieren sich sehr wenig für die Gedanken und Gefühle der Leute, deren Geld sie ausgeben. In Steuerfragen denken sie nach wie vor rein etatistisch. Sie glauben an die wohlmeinende Kleptokratie, kaum anders als die Fürsten und die fiskalische Obrigkeit von einst.

12. »Steuern sind das zentrale moralische Phänomen unserer Zivilisation«

Im Gespräch mit Stephan Maus[45]

Stephan Maus: Herr Sloterdijk, lieben Sie die Provokation?
Peter Sloterdijk: Ich liebe die Zuspitzung. Das ist eine Nuance, auf die es mir ankommt. Zuspitzung heißt, daß man die Dinge bis zur Kenntlichkeit vorantreibt.
Sind Ihnen bunt schillernde Sätze wichtiger als die Wahrheit?
Ich mache nie bunt schillernde Sätze, ich drücke mich nur gut aus. Gewisse Leute, die sich schlechter ausdrücken, halten das vielleicht für schillernd. Wenn ich Metaphern benutze, so nur, um deutlicher zu reden.
Von jedem Philosophen bleibt ein Kernsatz. Was soll von Peter Sloterdijk bleiben?
Was bleiben sollte, ist die Idee der Allgemeinen Immunologie. In den letzten zehn Jahren kreist meine Arbeit um die Denkfigur, daß Menschenleben immer in drei Immunsysteme eingebettet sind: Das erste Immunsystem, das wir entwickelt haben, als wir vor 50 000 Jahren Kulturwesen wurden, waren die Rituale, die uns halfen, mit den Toten und den Göttern zu verhandeln. Aus dem Komplex der Riten hat sich bei den Römern vor mehr als 2000 Jahren das Rechtssystem abgelöst und zu einem sozialen Immunsystem eigener Art herausgebildet. Vor hundert Jahren schließlich hat man entdeckt, daß jeder Organismus ein Abwehrsystem besitzt, das ihm die Auseinandersetzung mit der mikrobischen Umwelt erlaubt. Seither stellt sich die Aufgabe, die drei Immunsysteme zusammenzudenken.
Kurze Metaphernkunde: Gegen was immunisiert uns die Religion?
Ich sage ja, Religionen als solche gibt es nicht, es gibt nur symbolische oder rituelle Immunsysteme, die manchmal die Form von

45 Bei dem hier abgedruckten Text handelt es sich um Auszüge aus einem Gespräch zwischen Peter Sloterdijk und Stephan Maus, das unter dem Titel »Der Philosoph und die elende Ideologie« im *Stern* erschien (7. Januar 2010, S. 108-113).

»Religion« annehmen. Diese symbolischen Immunsysteme haben die Aufgabe, uns gegen ein Übermaß an Weltoffenheit abzuschirmen. Der Mensch ist ein Wesen, das zuviel Voraussicht hat. Das allgemeine Merkmal von Immunsystemen besteht ja darin, daß sie Verletzungen antizipieren. Sie sind verkörperte Schadenserwartungen. Der Körper weiß schon im voraus, daß ich mich verletzen werde, und hat dafür den Blutgerinnungsmechanismus vorgesehen. Das Rechtssystem weiß schon, daß mir Unrecht geschehen wird, und es hält Entschädigungen und Bußen bereit, selbst wenn mir bis heute nichts passiert ist. Das Weisheitssystem weiß schon, daß den Menschen der Tod bevorsteht, und es integriert dieses Ereignis in eine rituelle Ordnung.

Mit Ihrer Immunologie wären wir nun auch bei der neuesten Pandemie angekommen. Haben Sie sich gegen Schweinegrippe impfen lassen?

Das halte ich für eine Dummheit.

Warum?

Weil diese Grippe harmloser verläuft als die gewöhnliche. Wir sollten eher anhand der Schweinegrippe lernen, uns vor iatrogenen Hysterien in Sicherheit zu bringen.

Sie meinen, die Schweinegrippe ist eine vom Arzt erzeugt Hysterie?

Vom Arzt, vom Medizinsystem, von den Panikmedien. Seit dem Ersten Weltkrieg ist die Wirklichkeitsverfassung des Westens dadurch bestimmt, daß Massenmedien über Nacht ganze Populationen in künstliche Aufregungen versetzen. Das übt die moderne Gesellschaft täglich mit ihren Nachrichtenritualen. Mit ihrer Hilfe wird ständig der Erregungspegel der Gesellschaft justiert. Wir erhalten täglich eine Liste von Erregungsvorschlägen und dürfen entscheiden, worüber wir uns echauffieren wollen.

Neulich hat sich die Gesellschaft ziemlich über Peter Sloterdijk echauffiert: Ihr Zwischenruf zur Steuerpolitik hat Furore gemacht. Warum beschäftigen Sie sich plötzlich mit einem FDP-Nischenthema?

Ihre Frage bringt zum Ausdruck, wie sehr man dieses Thema unterschätzt. Es wäre besser, einzusehen, daß Steuern das zentrale moralische Phänomen unserer Zivilisation sind. Das aktuelle Steuersystem liefert die effiziente sozialdemokratische Alternative zum Prozedere der Russischen Revolution: Lenin beschlagnahmte bekanntlich alles Produktiveigentum ein für allemal und mußte dann zusehen, wie die Wirtschaft zerfiel. Unser System begnügt sich damit, jährlich etwa die Hälfte der nationalen Wertschöpfung in die Umverteilung zu bringen – in der BRD rund eine Billion Euro. Die werden weit überwiegend von den 25 Millionen Menschen aufgebracht, die in unserem Land die Kerngruppe der Steueraktiven darstellen (sowie von den Zwangsversicherten) und die man im Sinn der Finanztheorie die Leistungsträger nennt.

Und jetzt kommen Sie und plädieren für die Abschaffung aller Steuern und für ein Modell der freiwilligen Gabe.

Ich plädiere dafür, sich vorzustellen, wie es wäre, wenn dieselben Beträge, die jetzt aufgrund der jährlichen Zwangskonfiskation eingebracht werden, auf der Basis von freiwilligen Abgaben zustande kämen.

Sie glauben nicht wirklich, daß die – wie Sie sagen – »Leistungsträger« so großzügig sind, den Sozialstaat zu finanzieren.

Ich glaube, was ich sehe. Faktisch finanzieren sie ihn.

Aus Angst vor Strafe.

Angst ist keine akzeptable Grundlage für den Zusammenhalt einer Gesellschaft, die vorgibt, sie sei eine Demokratie. Die reale Solidargemeinschaft mit fiskalischen Zwangsmaßnahmen herstellen zu wollen ist ein blamabler Ansatz. Ich fand die von mir ausgelöste Debatte in diesem Punkt sehr bezeichnend. Ich sage: Gebt freiwillig! Und es schallt zurück: »Nein, wir wollen gezwungen werden. Wir wollen nicht wollen, wir wollen müssen.« Das zeigt, die Leute glauben, sobald der staatliche Zwang fehlt, lösen sich alle Bindungen über Nacht auf. Ich behaupte dagegen, diese ganze asoziale Tendenz, diese elende Ideologie, die bei sich und den anderen nur die Gier kennt, diese billige *greedy pig*-Psychologie in den Köpfen von Soziologen und Politologen, das alles beweist nur eines, nämlich, daß wir im Lauf des 20. Jahrhunderts einem falschen Menschenbild aufgesessen sind. Man glaubt, der Mensch ist das Tier, das soviel wie möglich nimmt. Man kommt gar nicht mehr auf den Gedanken, die Menschen in ihren Geberqualitäten ernst zu nehmen.

Das klingt alles ziemlich unrealistisch. Sie haben doch sicher auch Ihre Tricks, um möglichst viel von der Steuer abzusetzen.

Ob Sie es glauben oder nicht, bei mir läuft das anders. Erstens habe ich einen Steuerberater, der früher selber Finanzbeamter war. Ich habe ihn gelegentlich im Verdacht, daß er immer noch für die andere Seite arbeitet – und im Grunde finde ich das ganz gut. Zweitens bin ich manchmal stolz darauf, daß ich größere Beträge an das Finanzamt abführe. Kurzum, ich behaupte, die vorherrschende *greedy pig*-Psychologie führt in die Irre – übrigens ein Fachausdruck, der besagt: Solange Menschen mit den gröberen Antriebssystemen arbeiten, funktionieren sie noch überwiegend giergesteuert. Sobald sie aus dem Gröbsten heraus sind, stellen sie auf prestigegesteuertes Verhalten um. Und in dem Augenblick, wo sich eine prestigebewegte Gesellschaft ausbildet, wie etwa in den USA, können Sie sofort beobachten, wie ein Wettbewerb auf der Seite des Gebens einsetzt. Im Jahr 2008 haben einzelne Spender und philanthropische Gesellschaften in Amerika über 300 Milliarden Dollar aufgebracht, fast soviel wie der Berliner Bundeshaushalt.

In Ihrer Philosophie geht es um das psychische Wohlbefinden der Leistungsträger. Nicht darum, denjenigen den Stolz zurückzugeben, die keine Leistung erbringen können.

Es geht um die Abschaffung einer Beengung, die den Gebern nicht gerecht wird.

Beengung der Leistungsträger. Vielleicht kommt daher das Reizklima, das Sie umgibt: Man hat den Verdacht, Sie denken von oben herab.

Ich denke aus allen Situationen, am besten vom Rand her, und Rand gibt es oben wie unten.

Für jemanden, der nichts leisten kann, ist es würdiger, eine gesetzlich geregelte Zwangsabgabe anzunehmen, als ein Geschenk, das aus dem aristokratischen Großmut eines Leistungsträgers heraus erbracht wird.

Es geht nicht um die Großmut von Aristokraten, sondern um die Tatsache, daß es in der bürgerlichen Gesellschaft vorwiegend die gebenden Menschen sind, die die Dinge voranbringen.

Wann würden Sie sich wohler fühlen: Wenn Sie ein Geschenk erhielten oder wenn Sie eine Zuwendung bekämen, die Ihnen rechtlich zusteht?

Das ist eine künstliche Alternative. Auch das Geld, das mir rechtmäßig zusteht, ist letztlich ein Geschenk der Solidargemeinschaft an mich.

Nein. Eine Zwangsabgabe.

Da haben wir's wieder: Es muß ein Zwang sein, damit es etwas taugt. Was würden Sie sagen, wenn der staatlich gezwungene Geber seine Gabe mit dem Gefühl aus der Hand gibt, dies sei sein freiwilliger Beitrag zum Gemeinwohl – zufällig in gleicher Höhe wie der letzte Steuerbescheid? Wo bleibt dann der beleidigte Nehmer? Sie fühlen sich offenbar gerne in die Lage der Erniedrigten und Beleidigten ein?
Ja. Und ich habe das auch immer für die nobelste Aufgabe der Philosophie gehalten: aus der Perspektive der Erniedrigten und Beleidigten zu denken. Sie nicht?
Sie verwechseln Philosophie mit Diakonie. Auch ich kann die Perspektive der Erniedrigten und Beleidigten einnehmen, und ich denke selbstverständlich auch in ihrem Interesse, aber ich vergesse dabei nicht die Perspektive derer, die mit ihren Gaben, die wir gedankenlos Steuern nennen, das ganze System erst möglich machen. Ich kann nichts dafür: Die Philosophie steht für den ganzen Zusammenhang.

13. Dankesschreiben vom Finanzamt

Im Gespräch mit Holger Fuß[46]

Holger Fuß: Herr Professor Sloterdijk, können Kapitalisten menschenfreundlich sein?
Peter Sloterdijk: In gewisser Weise ist ein Kapitalist sogar zur Philanthropie verdammt.
Warum denn das?
Reichtum macht verlegen, weil er moralisch nicht ohne weiteres einzuordnen ist. Mit dieser Erfahrung leben bürgerliche Menschen seit dem 17. Jahrhundert, Menschen also, die zu eigenen Lebzeiten zu Reichtümern gekommen waren und mit der Tatsache ihres Wohlstands noch nicht umzugehen wußten. Adelige älterer Zeit wurden in ihre Daunen hineingeboren und kannten nichts anderes als Luxus und Privilegien – sie gerieten ab dem 18. Jahrhundert eher in die Verlegenheit, ihrem verlorenen Reichtum nachzutrauern, indessen die reichgewordenen Bürger Stellung nehmen mußten zu der Tatsache, daß sie jetzt zu den *happy few* gehörten, obwohl sie mental oft noch nicht reif dafür waren. Die Philanthropie war eine der Möglichkeiten, wie bürgerliche Menschen das Reichwerden psychisch und metaphysisch verarbeiten konnten.
Dann ist die Philanthropie als Verlegenheitslösung geboren worden? Als eine Kompensation von Gewissenbissen, die mit wachsendem Wohlstand einhergingen?
Sie ist zunächst vor allem eine Kompensation, aber zugleich der Versuch, in die Rolle des guten Reichen hineinzuwachsen. Philanthropie war das moralische Spalier, an dem die Seele des reich gewordenen Menschen sich emporranken wollte. Der neue gute Reiche ist unweigerlich Philanthrop, der vor seiner Mitwelt darstellen will, daß er moralisch auf Höhe seines Wohlstandes steht.
Und wie genau gelangt man auf diese Höhe?

46 Dieses Gespräch zwischen Peter Sloterdijk und Holger Fuß erschien unter demselben Titel im Magazin *Enorm. Wirtschaft für den Menschen* (Heft 3, September – November 2010, S. 36 f.).

Zuerst durch einen Trick, den die calvinistische Prädestinationslehre bereitgestellt hatte: Im Calvinismus wurde der irdische Geschäftserfolg als Hinweis darauf interpretiert, daß der eigene Name im Jenseits auf der Liste der Erwählten aufgeführt ist – man gehört also nicht zur *massa perditionis*, wie es beim Kirchenvater Augustinus so schön heißt, sprich zur Verlustmasse, zum weggeworfenen »Klumpen« – der christliche Gott ist bekanntlich Töpfer, als solcher hat er das Vorrecht, die mißratenen Stücke wegzuwerfen. Der theologische Trick Calvins drückte einen so wirkungsvollen wie bösartigen Aberglauben aus: Als ob Gott es nötig haben könnte, seine Ratschlüsse in puncto Erwählung durch Winke mit dem materialistischen Zaunpfahl kundzutun! Doch solange der Reichtum, vor allem in der calvinistischen Welt, unter einer starken metaphysischen Optik interpretiert wurde, war es unumgänglich, ihn als Zeichen von drüben zu lesen und ihn hierdurch zu christianisieren. Damit waren die Weichen gestellt zu einer Ethik des Weitergebens.

Das heißt, ich arbeite nicht nur, um in meinem Leben Erfolg zu haben, sondern auch, um meinen Mitmenschen Gutes zu tun?

Vergessen wir nicht: Wenn man früher den Begriff »die Reichen« verwendete, waren immer müßige Reiche gemeint – Menschen, die außerhalb der Arbeitssphäre standen. Das war naturgemäß die Klasse der Erben – die aristokratischen zuerst, später auch die Erben von neuen bürgerlichen Vermögen, die nicht ohne Grund *fortunes* heißen. Im 19. Jahrhundert erfolgt dann der tiefe Einschnitt, der die aktuellen Verhältnisse von allen früheren trennt: Der typische Reiche unserer Zeit ist ein »arbeitender Reicher« – die Amerikaner nennen ihn geradeheraus *working rich* –, wohl aus dem sicheren Instinkt, daß diese Figur ein anthropologisches Wundertier darstellt, für das es historisch kein Beispiel gibt. Die Reichen der Vergangenheit waren unvermeidlich Parasiten, Ausbeuter und Günstlinge dubioser Gottheiten wie der Fortuna, die nie verrät, warum sie den einen bevorzugt und die anderen leer ausgehen läßt. In der beginnenden Neuzeit jedoch sollte Reichtum mit einem Mal als Zeichen der Erwählung und schließlich sogar als Lohn für eigene Verdienste interpretiert werden.

Also brachte der neuzeitliche Wohlstand die Menschen in Deutungsnöte?

Allerdings. Denn wie jeder Berufstätige weiß: Bloße Arbeit als solche kann nicht gut die Quelle des Reichtums sein. Der Ölmagnat, Sponsor und fromme Baptist John D. Rockefeller hat das in seinem bekannten Diktum zum Ausdruck gebracht: »Wer den ganzen Tag arbeitet, hat keine Zeit, Geld zu verdienen.« Die starke Pointe verrät unverblümt, warum die Herleitung des Reichtums aus der Arbeit nicht schlüssig ist. Folglich muß sich der Reiche etwas einfallen lassen, um sich vor der Mitwelt von der Erfolgsschuld freizukaufen. Und das geschieht in der Regel durch philanthropische Gesten.

Durch große Spenden suchten die Reichen bislang ihr eigenes Seelenheil zu retten. Zu Beginn des 21. Jahrhunderts sehen Sie die Wohlhabenden aufgefordert, auch die übrige Welt zu retten. Insbesondere nachdem »die zornigen Armen«, wie Sie sagen, »zwei Jahrhunderte Zeit hatten, um zu beweisen, ob sie imstande sind, die Welt zu retten«. Warum sollen jetzt »die Reichen zeigen, wie sie es besser machen«?

Karl Marx hat von Pierre-Joseph Proudhon den Satz übernommen: »Eigentum ist Diebstahl«. Die in der historischen Linken bis heute beliebte Diebstahls-These wurde von Marx weiterentwikkelt, indem er der Frage nachging: Woher stammt der Profit des Unternehmers? Seine Antwort: Profit entsteht durch die Unterbezahlung der Produzenten, der Arbeiter. Anders gesagt: Der Kapitalist profitiert, weil er nur einen Teil des geschaffenen Werts an die Schaffenden auszahlt und eine übertrieben große Portion für sich behält. Die Diagnose war moralisch und politisch explosiv: Nach ihr wäre überall der ungleiche Tausch an der Macht.

Den die Arbeiterbewegungen in ein Gleichgewicht bringen wollten ...

... was sie mit der Zeit tatsächlich durchgesetzt haben. Der Tausch ist nicht mehr ganz ungerecht, sobald der Arbeiter von seinem Lohn anständig leben kann.

Das ist heute überwiegend der Fall?

Für die Wohlstandszone der Welt dürfte es fast zutreffen. Man erkennt das daran, daß hier auf hohem Niveau weiter gestritten wird, was »anständig leben« bedeutet.

Weshalb das Proletariat in seiner bisherigen Form keine Rolle mehr spielt?

Richtig. Im 19. Jahrhundert fungierte das Proletariat als eine Art unfreiwilliger Sponsor der bürgerlichen Gesellschaft. Systemisch gesprochen: In allen Gesellschaften gibt es eine Gruppe, die, freiwillig oder unfreiwillig, die Rolle des stärkeren Gebers ausfüllt. Es waren die kritischen Theorien von Marx bis André Gorz, die auf die Absurdität aufmerksam machten, daß die Armen die Geber für die Reichen sein sollen.

Heutzutage sind die Geber aber nicht mehr die Armen?

Im aktuellen System sind die manifest Ärmeren unverkennbar in die Position der Nehmenden übergewechselt – weswegen die Diskurse der traditionellen Linken heute ins Leere greifen. Folglich bietet sich ein anderer Ansatz an – im Rückgriff auf den Soziologen Marcel Mauss, der in der Gabe das primäre soziale Band erkannt hat. Das Phänomen Gabe ist von den alten kritischen Theorien unterschätzt worden, weil sie sich auf den Tausch konzentrierten. Ich meine hingegen, wir müssen den sozialen Zusammenhalt von der Gabe her denken – und zwar auch von der einseitigen Gabe her.

Warum ist die Gabe wichtiger als der Tausch?

Wenn man sich auf den Tausch fixiert, gerät man schnell auf moralisch schwieriges Gelände. Man stellt dort ja immer Ungleichungen fest: Der eine gibt mehr als der andere – und bekommt nicht so viel zurück, wie er gegeben hat. Die Tauschanalyse ist problematisch, weil sie eine Matrix für die Erzeugung von Unzufriedenheit darstellt.

Sie halten den Menschen für ein Wesen, das gerne gibt?

Jedenfalls könnten wir alle gebende Wesen sein, wenn die kulturellen Prämissen es begünstigen.

Welche Voraussetzungen benötigen wir dafür?

Letztlich hängt alles von dem Menschenbild ab, das die Kultur bereithält. Solche Bilder sind nicht, wie manche Fotografen glauben, Abbildungen oder Nachbildungen des Realen, sie sind Vorbildungen oder Gußformen, in die man reale Materie einfüllt. Wenn wir uns selbst als ein Bündel von Defiziten beschreiben, als gierige Autisten, die überwiegend von Angst und Hunger bewegt werden, so hat das einen selbstwahrmachenden Effekt. Wir dürfen uns darum nicht mehr in der Weise kleindenken, wie es die sogenannten Realisten taten und tun. Wenn wir dieser Spur folgen, landen wir bei den schwarzen Anthropologien, die in Europa zwischen dem 17. und dem 20. Jahrhundert entwickelt wurden. Von Thomas Hobbes, der den Krieg aller gegen alle behauptete, läuft eine di-

rekte Linie zu Adolf Hitler, der an die grausame Göttin Natur zu glauben vorgab. »Es reicht nicht für alle«: So lautete die Botschaft der Hitler-Natur an die übrige Welt – darum müssen wir rücksichtslos für das Unsere sorgen. Die Folgen sind bekannt.
Eine Botschaft des Mangels und der Unmenschlichkeit.
Es ist die Botschaft derer, die vom Menschen nichts halten. Auch ein Großteil der Marxisten gehörte in diese Linie. Lenin war überzeugt, daß man die jetzt Lebenden in Rußland bis auf wenige Ausnahmen ausrotten und mit den Überlebenden eine neue Menschheit starten sollte, in der die besseren Eigenschaften herangezüchtet würden. In Wahrheit ging das auf eine katastrophale anthropologische Fehlkonzeption zurück. In den vergangenen 300 Jahren hat man den Menschen im allgemeinen und den Bürger im besonderen einseitig als Nehmewesen diffamiert – anstatt den Menschen von vornherein als bipolare Größe zu definieren, nehmend und gebend.
Aber was genau macht den Menschen zu einem gebenden Wesen?
Ich würde dies fürs erste mit einem Naturalismus des Sozialen begründen. Wir haben in den vergangenen Jahrhunderten viel über die antisozialen Tendenzen im Menschsein nachgedacht. Immanuel Kant nannte es die ungesellige Geselligkeit des Menschen. Arthur Schopenhauer prägte das Bild von den frierenden Stachelschweinen, die sich nur gegenseitig weh tun können, wenn sie sich zusammendrängen. Die heutigen Banker glauben an den Primat der Gier – und Journalisten in aller Welt reden ihnen nach dem Mund. Und doch sind das alles einseitige Stilisierungen und interessierte Fälschungen. Übersehen haben diese düsteren Anthropologen, daß es tausend und drei gute Gründe für das Kooperieren gibt, ja daß die Großzügigkeit ebenso im Menschen steckt wie die Gier. Den größten Teil ihrer Evolution haben die Menschen als Familientiere in kleineren Horden erworben. Unsere gesamte biologisch-moralische Grundausstattung übernehmen wir aus einer Zeit, in der es für uns lebenswichtig gewesen ist, uns in den anderen einfühlen zu können.
Unsere Fähigkeit zur Empathie macht uns im eigentlichen Sinne menschlich?
Es gibt beim *homo sapiens* eine geradezu erschütternd breite neurologische Grundlage der Einfühlungskraft und der anteilnehmenden Gestimmtheit. Dies meint eine Fähigkeit, die nicht über den Verstand, die reflektierende Vernunft, das Kalkül verläuft, sondern

über die emotionale Anschlußfähigkeit hinsichtlich der Zustände des anderen. In der Regel ist die Einfühlung schneller als jede Berechnung. In der modernen Erwerbsgesellschaft wurden diese Eigenschaften eher wegtrainiert als kultiviert.

Gleichwohl haben nicht mal Menschenverdrossene wie Kant und Schopenhauer bestritten, daß es die Menschen zueinanderzieht. Jetzt erweitern Sie die Perspektive um eine Winzigkeit, indem Sie hinzufügen, daß Menschen gerne beieinander sind?

In der Tat, mir geht es um eine Umstimmung des kollektiven Klimas. Eigentlich betreibe ich seit vielen Jahren nichts anderes als philosophische Umstimmungsarbeit – mit dem paradoxen Ergebnis, daß die Vorsprecher der Verstimmten mit noch größerer Verstimmung reagieren. Mein Umstimmungsversuch zielt auf vertieften sozialen Zusammenhalt und ethisch akzeptablere Lebensgefühle.

Eine Art von universaler Umstimmung, auf die wir in der Kulturgeschichte immer wieder Hinweise finden?

Tatsächlich, in mein Projekt fließt manches ein von dem, was man im Kommunismus Solidarität genannt hat oder im Christentum Nächstenliebe. Oder in buddhistischer Perspektive Mitgefühl. Die klassischen moralischen Impulse sind in meinem Ansatz allesamt mit gemeint. Umstimmung bezieht sich auf alles, was uns daran hindert, die partizipativen Eigenschaften zu stärken.

Wenn uns, wie Sie sagen, die bürgerliche Gesellschaft die empathischen Fähigkeiten und Gebereigenschaften tendenziell abtrainiert – können wir das Geben wieder lernen?

Natürlich können die Menschen zum Geben erzogen werden. Wenn sie nicht zum Geben erzogen wurden, werden sie zum Geben gezwungen.

Inwiefern?

Die unfreiwillige Geberfunktion hat sich binnen der letzten anderthalb Jahrhunderte von den Proletariaten zu den Mittelschichten verschoben. Der zeitgenössische Steuerstaat stützt sich ja gerade nicht auf die Geringverdiener und all diejenigen, die zum Fiskus wenig oder nichts beitragen, die Arbeitslosen inbegriffen. Statt dessen sind es die rund 25 Millionen Haushalte, die als effektive Nettoeinzahler beim deutschen Fiskus das System tragen. Im Zentrum des sozialen Lebens steht heute die steueraktive Mittelschicht, die mit ihren oberen ein oder zwei Prozent in die Gruppe der reichen Leute hineinragt. Und an diesem oberen Rand des steueraktiven Segments findet man eine bemerkenswerte Anzahl von Personen, die offensichtlich der Maxime folgen, daß einfaches Zahlen an den Staat nicht genügt. Man redet zur Zeit viel über geheime CDs mit den Namen von Steuerflüchtlingen, mir schiene es klüger, man erstellte eine Kassette mit den Namen derer, die freiwillig mehr geben.

Das sind die philanthropischen Reichen.

Sie sind diejenigen, die mehr geben, als sie müßten, zuweilen sehr viel mehr.

Indem sie spenden, sponsern, stiften und helfen. Zugleich verkörpern diese Philanthropen eine innere Haltung, die Sie in Ihrem utopischen Gegenentwurf zum Fiskalstaat der gesamten steueraktiven Bevölkerung vorschlagen. Aus mißmutigen Steuerzahlern soll eine Gesellschaft freiwilliger Geber werden. Meinen Sie wirklich, daß die Menschen bereits reif sind für ein philanthropisches Sozialwesen?

Ich mache ambivalente Erfahrungen: Einerseits treffe ich nicht wenige Leute, die mir sagen, sie würden sofort mehr geben, wenn man es in anständiger Form von ihnen verlangte. Andererseits spreche ich auch mit Personen, die mir sagen: Ich finde Ihre Idee sympathisch, aber ich habe in meinem Leben schon so viel Zwangssteuern bezahlt, daß es mir ein für allemal reicht.

Sehen Sie Ihre Thesen dadurch widerlegt?

Nein. Ich frage mich aber, wie es dazu kommt, daß viele Menschen, deren Lebenssteuerbilanz bedeutend ist, so verbittert sind und sich auf der Seite der Geplünderten sehen. Für diese Leute fehlt offensichtlich ein Gegenstück dessen, was früher die Arbeiterbewegung für die einfachen Arbeiter gewesen ist. Diese Bewegung hat neben der Herbeiführung von halbwegs anständigen Löhnen etwas geschaffen, was man vorzeiten Klassenbewußtsein nannte: Ein stolzes Bewußtsein davon, daß der Produzent letztlich auf der gebenden Seite steht. Daß er nicht ein Schuldner der Gemeinschaft ist, sondern deren Förderer. Das war die große psychopolitische Leistung der klassischen Arbeiterbewegungen. Wir sollten diese schon deswegen nicht vergessen, weil wir heute eine analoge Geberbewegung stiften müssen, die mehr von der breiten Mitte als vom unteren Rand getragen wird.

Die Arbeiter von damals verschafften sich durch ihre Organisation das stolze Selbstverständnis: Ohne uns geht es nicht.

»Alle Räder stehen still, wenn dein starker Arm es will«, heißt es im klassischen Arbeiterlied. Inzwischen haben wir es jedoch mit einer zum permanenten Geben genötigten Mitte zu tun, der jede adäquate Artikulation ihres faktischen Geberseins vorenthalten ist.

Warum ist das so?

Weil sie zu einer Art von Zwangsphilanthropie auf monatlicher Basis genötigt werden, die rein mechanisch erfolgt. Oder erhalten Sie etwa am Jahresende einen Brief vom Finanzamt: »Sehr geehrter Steuerzahler, wir sprechen Ihnen hiermit unsere Anerkennung dafür aus, daß Sie auch in diesem Jahr wieder einen fünfstelligen oder sechsstelligen Betrag für das Gemeinwesen erübrigt haben!« Statt dessen ist die Atmosphäre geschwängert von dem Verdacht, dieser Steueruntertan hätte noch mehr geben können, wenn man ihn besser überwacht und stärker ausgepreßt hätte. Diese Herausholmentalität verdeckt die Tatsache, daß das, was die Bürger für den Staat erübrigen, durchaus keine Schulden des Bürgers beim Staat sind, sondern vielmehr Gaben, die auf der Grundlage staatsbürgerlicher Anteilnahme erbracht werden – obschon bisher überwiegend in aufgenötigter Form.

Der zeitgenössische Steuerstaat ist demnach undemokratisch?

In Wahrheit erleben wir im heutigen Finanzwesen gleichzeitig vor- und nachdemokratische Zustände. Wir gehen einerseits zurück in die absolutistische, spätfeudale Fiskalität, indem der Staat einseitig nimmt, nimmt, nimmt, ohne zu argumentieren. Andererseits bewegen wir uns längst weit voraus in die Fiskalität eines postdemokratischen Gemeinwesens – erkennbar an dem wahnwitzigen Zustand der Staatsschulden, durch den die nächsten hundert Jahre Zinsendienst vorprogrammiert sind – bis hin zur Enteignung der Ungeborenen. Was gegenwärtig überhaupt nicht vorkommt, ist der Gedanke, daß die Bürger nicht die Schuldner des Gemeinwesens sind, sondern seine Sponsoren.

Hat das Steuerzahlen im Bewußtsein des Durchschnittsbürgers deshalb einen so schlechten Leumund?

Vielen Menschen fehlt das Gebergefühl, weil sie in der Demokratie nicht angekommen sind – oder besser gesagt, weil die Demokratie bei ihnen nicht angekommen ist. Und zwar deswegen nicht, weil ihnen im Augenblick ihrer stärksten Anteilnahme am Gemeinwesen, nämlich beim Zahlen von Steuern …

... nicht beim Wählen?
... die vollkommene Fremdbestimmung widerfährt. Wählen dürfen wir nur alle vier Jahre. Steuern zahlen wir jeden Monat. Aber der Augenblick des Steuerzahlens ist nie mit dem Dank des Gemeinwesens an den Geber verbunden. Es geht dabei genauso zu, wie man sich den ausbeuterischen Unternehmer im 19. Jahrhundert vorstellte: Der dachte doch tatsächlich, ihm stehe der Mehrwert des vom Arbeiter erzeugten Gutes zu. Genauso meint heute der Fiskus, ein Anrecht darauf zu haben, bei allen, die Geld verdient haben, sofort einen bemerkenswerten Anteil abzuschöpfen.
In einem Aufsatz postulieren Sie, »daß das Gemeinwesen mittels einer weitläufig ausgebauten und psychopolitisch klug gesteuerten Geberkultur auf Freiheitsbasis deutlich wohlhabender werden müßte« als das gegenwärtige Fiskalsystem. Warum eigentlich?
Das ist zunächst einmal eine weit antizipierende Behauptung. Dafür gibt es keinen empirischen Beweis, weil es nie versucht wurde. Solange die staatlichen Strukturen bestehen, wie sie bestehen, gibt es keine Gelegenheit, herauszufinden, wie Menschen sich entwickeln würden, wenn sie aus dem fiskalischen Zwangssystem entlassen wären.
Eine ähnliche potentielle Kulturrevolution stellt das Konzept eines Grundeinkommens dar, das in verschiedenen Varianten diskutiert wird. Würde ein solches Modell in Ihre Geber-Gesellschaft passen?
Von der Geste her ist das durchaus eine Angelegenheit nach meinem Herzen. Das wäre ein Ernstfall dessen, was ich mit dem Begriff Umstimmung beschreibe.
Ein womöglich sogar bedingungsloses Grundeinkommen könnte den Menschen ein existentiell verändertes Lebensgefühl bescheren?
Ohne Zweifel. Das Problem ist aber, daß wir damit eine Form von Privilegien-Nationalismus erzeugen würden, der weltweit anstößig wäre – vorausgesetzt, das Projekt wäre finanzierbar.
Was wäre am unbedingten Grundeinkommen so anstößig?
Wir würden damit sämtliche Menschen beleidigen, die in Armut leben und die nichts anderes kennen als den langen Umweg über die Arbeit zum Wohlstand. Ein neuer Sozialismus in einem Land wäre eine Provokation, die den Einwohnern Deutschlands nicht guttäte. Man könnte sich des Ansturms von Einwanderern nicht mehr erwehren. Überdies sollten wir nicht vergessen, daß Menschen Wesen sind, die auf das Streben nach Genugtuung über eige-

ne Leistung nicht verzichten können. Dies steht im Widerspruch zu der verwöhnenden Tendenz, die in der Idee des bedingungslosen Grundeinkommens steckt.
Man könnte auch annehmen, daß durch den Wegfall von Existenzängsten durch ein Grundeinkommen noch ganz unvermutete Kreativitätsschübe freigesetzt werden.
Seien wir realistisch: Die moderne Kreativität ist ein Nebeneffekt von Aufstiegswillen und Zinsstreß. Wer mit diesen psychopolitischen Motiven spielt, geht Risiken ein, die kaum geringer wären als die der Russischen Revolution.
Manche Verfechter des Grundeinkommens auf reiner Konsumsteuerbasis erwarten, daß damit die Konjunktur angekurbelt wird.
Auf dem Zeichenbrett scheint alles möglich. Doch wir haben noch kein Labor für experimentelle Politik und hypothetische Geschichtsschreibung entwickelt. Wir können nur hoffen, es werde demnächst Länder geben, die mutig genug sind, radikal neue Dinge zu versuchen. Wir bräuchten Prototypen von Gesellschaften, die den Versuch unternehmen, vollständig von Zwangssteuer auf Philanthropie umzustellen. Ebenso wie wir sehr bald Länder brauchen, die ihre Wirtschaft zu 100 Prozent auf erneuerbare Energien umstellen. Erst nach dem Experiment würde man wissen, warum es nicht funktioniert, falls sich zeigt, daß es nicht funktioniert.
Welche Länder kämen dafür in Frage?
Bis zur Größe eines deutschen Bundeslandes oder einer europäischen Nation sollte man experimentelle Politik durchaus vorantreiben können. Grundsätzlich kommen hierfür nur die reichen Länder in Frage, womit wir wieder zu unserem Ausgangspunkt gelangen: Dem Reichtum fällt künftig in sozialpolitischer wie in weltpolitischer Perspektive eine ungeheure Bedeutung zu. Der Reichtum hat jetzt die Verantwortung dafür, daß das ganze nicht im Chaos endet. Noch mehr als früher müssen wir die Starken bei ihren Stärken ansprechen.

14. Letzte Ausfahrt Empörung

Über Bürgerausschaltung in Demokratien[47]

Wann immer Politiker und Politologen sich über den Zustand einer modernen *res publica* Gedanken machen, drängen Reminiszenzen an das alte Rom sich auf. Das widerfuhr auch jüngst dem glücklosen deutschen Außenminister, als er, um den in seinen Augen allzu üppigen Sozialstaat unseres Landes zu kritisieren, auf den Gedanken verfiel, die heutigen Verhältnisse mit den Niederungen der »römischen Dekadenz« zu vergleichen. Welche Vorstellungen er hiermit verband, konnte nie genau ermittelt werden. Vielleicht waren dem Gast an der Spitze des Auswärtigen Amts vage Erinnerungen an das System des kaiserzeitlichen Plebs-Managements durch Gladiatorenspiele in den Sinn gekommen, möglicherweise dachte er auch an die obligatorischen Getreidespenden für die arbeitslosen Massen der antiken Metropole. Beides wären Nachklänge des hastigen Geschichtsunterrichts, den die meisten deutschen Gymnasiasten des Jahrgangs 1961 (Westerwelle u. a.) genossen. Sie enthalten nichts, was zu Besorgnis Anlaß gäbe.

Immerhin, der Hinweis auf die »römische Dekadenz« im Mund eines deutschen Politikers war nicht nur ein Symptom von standesgemäßer Halbbildung. Er war auch nicht bloß ein Symptom von verbalem Draufgängertum, das bei einer gewissen Klientel Eindruck machen sollte. Er enthielt eine Reihe von gefährlichen Implikationen, denen der Redner ohne Zweifel ausgewichen wäre, hätte er sie sich bewußtgemacht.

Das römische Brot-und-Spiele-System war ja nicht weniger gewesen als die erste Ausgestaltung dessen, was man seit dem 20. Jahrhundert als »Massenkultur« bezeichnet. Es symbolisierte die Wende von der gravitätischen Senatorenrepublik zum postrepublikanischen Theaterstaat mit einem kaiserlichen Mimen im Zen-

47 Dieser Essay erschien in einer leicht gekürzten Fassung unter dem Titel »Der verletzte Stolz. Über die Ausschaltung der Bürger in Demokratien« in *Der Spiegel* (8. November 2010, S. 136-142).

trum. Dieser Übergang war unausweichlich geworden, seit das römische Imperium nach seiner Konversion zur caesarischen Monarchie mehr und mehr auf die Eliminierung von Senat und Volk aus der Regelung der öffentlichen Angelegenheiten zusteuerte. In dieser Sicht war die vielzitierte römische Dekadenz nichts anderes als die Kehrseite der politischen Bürgerausschaltung, die mit der Machtübernahme durch eine Junta von imperialen Berufspolitikern einherging. Sie ist nur angemessen zu begreifen, wenn man in ihr das Symptom der Auflösung von republikanischem Leben in Verwaltung und Unterhaltung erkennt. Während die Reichsverwaltung sich zunehmend in Formalien verstrickte, setzte sich auf der Seite der Unterhaltung – namentlich in den Arenen rund um das Mittelmeer und bei den Festen der metropolitanen Oberschicht – der Trend zur Verrohung und Enthemmung durch. Das Miteinander von Verwaltungsstaat und Unterhaltungsstaat antwortete auf einen Weltzustand, in dem die Machtausübung nur noch durch die weitgehende Entpolitisierung der Reichspopulationen gesichert werden konnte.

Das Spiel mit römischen Reminiszenzen rührt früher oder später an gefährliche Materie. Wer Rom erwähnt, sagt zugleich *res publica*, und wer von dieser spricht, sollte nicht versäumen, nach dem Geheimnis ihrer Anfänge zu fragen. Mochten auch die Caesaren ihre Dekrete nach wie vor mit der geheiligten Formel »Senat und Volk von Rom« (SPQR) absegnen – es stand doch fest, daß beide Instanzen so gut wie völlig entmachtet waren. Versuchen wir also zu erklären, wie es kam, daß die exemplarische »öffentliche Sache« Alteuropas mit einem bedenkenswerten Affektsturm begann: Der Sohn des letzten römisch-etruskischen Königs, Tarquinius Superbus junior, war auf die Reize einer jungen römischen Matrone namens Lucretia aufmerksam geworden, nachdem er durch die Prahlereien ihres Gatten Collatinus von deren Schönheit und Sittsamkeit erfahren hatte. Offensichtlich wollte er nicht hinnehmen, daß ein Untergebener erotisch glücklicher sein sollte als er selbst, der Sproß aus königlichem Haus. Der Rest ist dank Livius Weltgeschichte und dank Shakespeare Weltliteratur: Der junge Tarquinius dringt in Lucretias römische Wohnung ein und nötigt sie durch eine infame Erpressung, in ihre Vergewaltigung einzuwilligen. Nach der erlittenen Entehrung ruft die junge Frau ihre Verwandten zusammen, berichtet ihnen von den Vorfällen und erdolcht sich vor den Augen der Versammelten. Eine beispiellose Welle der Erschütterung verwandelt nun das harmlose Hirten- und Bauernvolk der Römer in eine revolutionäre Menge. Tarquinius Superbus wird vertrieben, die etruskische Vorherrschaft ist für immer beendet. Nie wieder werden Hochmütige an der Spitze des Gemeinwesens geduldet sein. Der Name des Königs wird für alle Zeiten geächtet – nicht nur *ad personam*, sondern im Hinblick auf die monarchische Funktion als solche.

Aus der Konvulsion der Bürger erwächst eine folgenschwere Idee: Die Gemeinwesenlenkung wird künftig allein von Römern ausgeübt werden, sie wird pragmatisch und profan erfolgen. Zwei Konsuln halten sich gegenseitig in Schach, ihre jährliche Neuwahl beugt jeder erneuten Verwechslung von Amt und Person vor. Der religiöse Überbau implodiert, bis auf die Staatsorakel, ohne die es auch in der Republik nicht geht; für immer bleibt die königliche Superbia verbannt. Die produktiven Energien des Hochmuts werden auf das Format des Strebens nach Ansehen durch Vortrefflichkeit zurückgeschraubt, wie in Meritokratien üblich. Aufgrund dieser Beschlüsse setzt sich im Jahr 509 v. Chr. die am klügsten konstruierte republikanische Maschine der Menschheitsgeschichte in Gang; durch die nachträgliche Hinzufügung des Volkstribunenamts erlangt sie einen unüberbietbaren Grad an Effizienz. Eine Erfolgsstory ohnegleichen beginnt, bis, fast ein halbes Jahrtausend später, die Überdehnung des römischen Machtkomplexes den Übergang zu neo-monarchischen Verhältnissen erzwingt.

Eine bedeutsame Information sollte der heutige Leser dieser Geschichte festhalten: Die Lucretia-Legende handelt von der Geburt der *res publica* aus dem Geist der Empörung. Was man später Öffentlichkeit nennen wird, ist anfangs ein Epiphänomen des Bürgerzorns. Aus dem Unmut der zusammenströmenden Menge bildete sich das erste Forum. Die erste Tagesordnung umfaßte nur einen einzigen Punkt: die Zurückweisung einer herrscherlichen Infamie. Aus ihrer synchronen Erregung über den zügellosen Hochmut der Machthaber lernten die einfachen Leute, daß sie von nun an Bürger heißen wollen. Der *consensus*, mit dem alles anfängt, was wir bis heute öffentliches Leben nennen, war die zivile Einmütigkeit hinsichtlich eines unerträglichen Affronts gegen die ungeschriebenen Gesetze des Anstands und des Herzens.

Um das Entscheidende noch einmal zu sagen: Was wir jetzt mit dem griechischen Ausdruck »Politik« umschreiben, ist ein Derivat des Ehrsinns und der stolzen Regungen gewöhnlicher Menschen. Für das Spektrum der stolzverwandten Affekte hält die alteuropäische Tradition den Ausdruck *thymós* bereit. Auf der thymotischen Skala der menschlichen Psyche erklingen viele Töne – von Jovialität, Wohlwollen und Generosität über Stolz, Ambition und Trotz bis hin zu Empörung, Zorn, Ressentiment, Haß und Verachtung. Solange eine politische Kommune von ihrem Stolzzentrum her gelenkt wird, stehen Fragen von Ehre und Ansehen im Zentrum der allgemeinen Aufmerksamkeit. Die Unverletztheit der zivilen Würde gilt als höchstes Gut. Der öffentliche Argwohn wacht darüber, daß Arroganz und Gier, die immer virulenten Hauptmächte der Gemeinheit, in der *res publica* niemals die Oberhand gewinnen.

Es dürfte klar sein, warum es nicht unverfänglich ist, in unseren Tagen von römischer Dekadenz zu sprechen und aktuelle Zustände mit ihr gleichzusetzen. Wer so redet, bekennt sich *implicite* zu der Auffassung oder der Befürchtung, daß auch auf die moderne Republik – wie sie vor gut zweihundert Jahren aus dem monarchiekritischen Zorn der Amerikanischen und Französischen Revolutionen hervorgegangen war – zu gegebener Zeit eine postrepublikanische Phase folgen werde. Typischerweise wäre auch diese durch das erneute Miteinander von Brot und Spielen charakterisiert oder, um zeitgemäß zu reden, durch eine Synergie von Sozialstaat und Sensationsindustrie. Es läßt sich nicht leugnen, daß die Vorboten solcher Doppelwirtschaft allgegenwärtig sind. Lesen wir nicht seit geraumer Weile die Zeichen, die für die Rückentwicklung des öffentlichen Lebens auf Administration und Entertainment sprechen – Wärmedämmung für Ministerien und Casting-Shows für Ambitionen? Hat nicht der von Großbritannien ausgehende Diskurs über »Postdemokratie«, also der Gedanke, daß Bürgerbeteiligung durch die höhere Kompetenz politischer Spitzenentscheider eingespart werden kann, diskret die Parteizentralen und soziologischen Seminare in der westlichen Hemisphäre erobert? Sind nicht Unzählige schon wieder existentiell in Dekkung gegangen, wie einst die antiken Stoiker und Epikuräer, und haben sich darauf eingerichtet, daß Bürokratie, Spektakel und private Sammlungen jetzt die letzten Horizonte markieren?

Man könnte aus diesen Beobachtungen den vorschnellen Schluß

ziehen, die postdemokratischen Tendenzen hätten sich in der Dämmerung der zweiten republikanischen Ära, die wir die politische Moderne nannten, bereits auf ganzer Linie durchgesetzt. Dann bliebe uns, den Bewohnern der zweiten *res publica amissa* (des preisgegebenen Gemeinwesens), erneut nichts übrig als das Warten auf die Caesaren – und auf deren billige Ausgaben, die Populisten, sofern Populismus heute den Beweis liefert, daß Caesarismus auch mit Komparsen funktioniert. Also hätte Oswald Spengler mit seiner gefährlichen Suggestion recht behalten, man müsse Dekadenztheoretiker sein, um als Zeitdiagnostiker auf der Höhe der Phänomene zu stehen?

Doch so anregend rhapsodische Überlegungen dieser Art sein mögen: Wir sind in dieser Angelegenheit besser beraten, wenn wir uns vom Elan der großen Analogie nicht mitreißen lassen. Zwar fehlt es nicht an Hinweisen darauf, daß wir postrepublikanischen und postdemokratischen Zuständen entgegengehen. Deren signifikantestes Symptom, die erneute Bürgerausschaltung durch eine monologisch in sich verschränkte Staatlichkeit, ist heute auf breiter Front zu diagnostizieren. Daß Politik hierzulande immer mehr dem Monolog eines Autistenclubs nahekommt, zeigt die aktuelle Linie der schwarz-gelben Regierung in Fragen der Atomenergie.

Wer aber geglaubt hätte, die Bürgerausschaltung in der zweiten postrepublikanischen Situation werde so reibungslos verlaufen wie nach der Etablierung des antiken Caesaren-Regimes, sähe sich getäuscht. In diesem Punkt ist die historische Analogie nicht schlüssig – aus einem Grund, über den man sich noch immer aus alten Quellen am besten informiert. Die klassischen Autoren Griechenlands besaßen vom Menschen als zugleich erosbewegtem und stolzbewegtem Wesen ein ungleich tieferes Verständnis als die modernen, weil letztere sich mehrheitlich damit begnügten, die menschliche Psyche allein aus der Libido, dem Mangel und dem Habenwollen zu deuten. Zu Fragen des Stolzes und der Ehre fällt ihnen seit über hundert Jahren nichts mehr ein. Folglich nimmt es nicht wunder, wenn heute weder Politiker noch Psychologen Rat wissen, sobald sie es mit öffentlichen Regungen der vergessenen Stolzkomponente im menschlichen Seelenhaushalt zu tun bekommen.

Wer sich im Panorama der politischen Unruhen in Europa umsieht, besonders an den deutschen Krisenherden, sollte sich eines möglichst schnell klarmachen: Wenn heute die Bürgerausschaltung trotz aller Aufgebote an Expertokratie und Amüsierkultur nicht ganz gelingt, so darum, weil man die Rechnung ohne den Bürgerstolz gemacht hat.

Mit einem Mal steht er wieder auf der Bühne – der thymotische Citoyen, der selbstbewußte, informierte, mitdenkende und mitentscheidungswillige Bürger, männlich und weiblich, und klagt vor dem Gericht der öffentlichen Meinung gegen die mißlungene Repräsentation seiner Anliegen und seiner Erkenntnisse im aktuellen politischen System. Er ist wieder da, der Bürger, der empörungsfähig blieb, weil er trotz aller Versuche, ihn zum Libido-Bündel abzurichten, seinen Sinn für Selbstbehauptung bewahrt hat, und der diese Qualitäten manifestiert, indem er seine Dissidenz auf öffentliche Plätze trägt. Wie über Nacht ist er wieder unter uns, der unbequeme Bürger, der sich weigert, ein politischer Allesfresser zu sein, duldsam und fern von »nicht hilfreichen« Meinungen. Lange hatte man ihn nicht mehr gesehen – diesen informierten und empörten Bürger, der plötzlich, man begreift nicht wie, auf den Gedanken verfiel, den Artikel 20 Absatz 2 des Grundgesetzes auf sich selbst zu beziehen, wonach alle Staatsgewalt vom Volk ausgehe. Was ist in ihn gefahren, wenn er das mysteriöse Verfassungsverbum »ausgehen« als die Anweisung versteht, seine vier Wände zu verlassen, um zu bekunden, was er will und weiß und fürchtet?

In Momenten wie dem gegenwärtigen schadet es nicht, sich darauf zu besinnen, daß die ursprüngliche *res publica* selbst ein Derivat der psychopolitischen Primäraffekte Stolz und Empörung war. Wie bemerkt, stand an der Quelle des römischen Gemeinwesengefühls die Unwilligkeit, die allzu kraß gewordene Arroganz der Herrschenden länger zu dulden. Trotz aller Differenzen zwischen antiken und modernen Situationen muß man nach dem vergleichbaren Aspekt nicht lange suchen. Auch heute sehen zahllose Bürger Grund, sich über die Anmaßung der Herrschenden zu erregen. Selbst wenn die Anmaßung anonym geworden ist und sich in den sachzwanggetriebenen Systemen versteckt – die Bürger, insbesondere in ihrer Eigenschaft als Steuerzahler und als Adressaten hohler Reden vor Wahlen, spüren doch hin und wieder deutlich genug, welches Spiel mit ihnen getrieben wird.

Verstehen wir nun, wieso der Traum der Systeme Ungeheuer gebiert? Die Ungeheuer sind die leibhaftigen Bürger, die sich dem postdemokratischen Gebot der Bürgerausschaltung widersetzen. Daß diese plötzliche Renitenz erklärungsbedürftig ist, wird man zugeben. Warum nur können die Leute mit einem Mal nicht auf den ihnen zugedachten Plätzen ruhig halten? Wieso ist auf ihre systemrelevante Lethargie kein Verlaß mehr? Und was ist an ihrer Funktion so schwer zu verstehen? In der repräsentativen Demokratie werden Bürger – von ihren enormen fiskalischen Aufgaben abgesehen – in erster Linie als Lieferanten von Legitimität für Regierungen gebraucht. Deswegen werden sie in weitmaschigen Abständen zur Ausübung ihres Wahlrechts eingeladen. In der Zwischenzeit können sie sich vor allem durch Passivität nützlich machen. Ihre vornehmste Aufgabe besteht darin, durch Schweigen Systemvertrauen auszudrücken.

Begnügen wir uns, um höflich zu sein, mit der Feststellung, daß solches Vertrauen zu einer knappen Ressource geworden ist. Sogar Berliner Hofpolitologen sprechen von der manifesten Entfremdung zwischen der politischen Klasse und der Bevölkerung. Noch scheuen die Experten vor der harten Diagnose zurück, wonach die Politik der nützlichen Entpolitisierung des Volks vor dem Scheitern steht.

An dieser Stelle mag es sinnvoll sein, nachzufragen, wie den Römern der Caesarenzeit ihr Entpolitisierungskunststück gelang, während es den heutigen gewählten Postdemokraten aus den Händen zu gleiten droht. Die Antwort ist umweglos zu finden: Den kaiserzeitlichen Eliten stand über lange Zeit die Möglichkeit offen, den thymotischen Ansprüchen ihrer Bürgerwelt halbwegs brauchbare Ersatzangebote zu machen – trotz handfester Anzeichen postrepublikanischer Dekadenz: Sie verstanden sich darauf, im *civis romanus* den Stolz auf die zivilisatorischen Leistungen des Imperiums zu wecken; sie banden die Völker der Peripherie durch römische *soft power* an das Zentrum; sie waren klug genug, den haltlosen Massen in den Städten die Teilhabe am theatralischen Narzißmus des Kaiserkults zu gewähren. Im Vergleich hiermit springt die Hilflosigkeit unserer politischen Klasse in allen Belangen des thymotischen Haushalts ins Auge. Sie hat den Bürgern oft nicht mehr zu bieten als die Aussicht auf Teilhabe an ihrer eigenen Kläglichkeit – ein Angebot, auf das die Bevölkerung in der Regel nur im Karneval und bei Aschermittwochsreden eingeht. Wird die Frage gestellt, wie das breite Volk auf die Performance der Regierenden reagiert, verzeichnen Meinungsforscher seit einiger Zeit am häufigsten die Auskunft: mit Verachtung. Unnötig zu sagen, daß dieses Wort zum elementaren Vokabular der thymotischen Analyse gehört. Wenn die Bezeichnung für den Minuspol der Stolz-Skala so häufig und so heftig gebraucht wird wie zur Stunde, dürfte begreiflich werden, in welchem Maß die psychopolitische Regulierung unseres Gemeinwesens aus dem Ruder läuft.

Der Traum der Systeme gebiert Ungeheuer: Das erleben die Regierenden auf ihre Weise, sobald unzufriedene Bürger sich ihren Projekten und Prozeduren in den Weg stellen. Es überrascht nicht, wenn Verachtung spontan auf Verachtung antwortet. Der unwillkommenen Bürgerdissidenz trat man in Stuttgart und Berlin erschrocken mit Großaufgeboten von Polizei und Schimpfworten entgegen. So also sieht es aus – das dunkle Etwas, von dem alle Staatsgewalt ausgeht? »Berufsprotestierer, Freizeitanarchisten, Stimmungsdemokraten, Altersegoisten, Wohlstandsverwahrloste!« In diesen Vokabeln faßten die Landesregierung und ihre Alliierten in der Hauptstadt ihre Eindrücke von den Zehntausenden zusammen, die gegen ein zerbröckelndes Großprojekt auf die Straße gingen. Soll man diese Wortwahl dadurch entschuldigen, daß die Sprecher unter Schock standen? Im Gegenteil, man schuldet diesen Politikern Dank, daß sie endlich aussprachen, wie sie über die Bürger denken. Bemerkenswerterweise war ein wichtiger Teil der manchmal seriösen Presse bereit, sich in die bedrängte politische Klasse einzufühlen: »Wutbürger« nannte man jüngst die neuen Protestierer – was eine kluge Prägung gewesen wäre, hätte sie die Erinnerung an den ursprünglichen Zusammenhang von Empörung und Republik beschworen. Leider diente sie im aktuellen Gebrauch nur dazu, die lästigen Dissidenzfliegen zu verscheuchen. Man sieht jedenfalls: Manche Journalisten wissen, wie sie das Ihre zum Werk der Bürgerausschaltung beitragen können.

Es sollte nicht bei Verbalattacken gegen das dunkle Etwas bleiben. Mit Schlagstöcken und Tränengas antwortete die verschreckte Kaste auf resolute Argumentierer aus dem Volk, die Unstimmiges in den Plänen für den neuen Stuttgarter Bahnhof entdeckt hatten. Mit der Einleitung eines Parteiausschlußverfahrens reagierte die altehrwürdige SPD auf ein bewährt robustes Mitglied, das unter

Aufbietung ausführlicher Beweise Unstimmiges in der deutschen Zuwanderungspolitik aufdeckte – und dabei Tatsachen vortrug, die ohne genetische Begründungsversuche solider dastehen als mit diesen. Beide Male hieß es, man habe sich die notwendigen Reaktionen, das Zuschlagen und das Ausschließen, nicht leichtgemacht. Bürgerausschaltung als Beruf – das ist gelegentlich noch härter als das übliche Bohren von harten Brettern.

Wer versucht, inmitten der Polemiken Beobachterruhe zu wahren, gewinnt ein Bild, das die verschiedenen Konfliktherde zu einer kohärenten Szene zusammenzieht: Auf breiter Front sieht man dieselben Bunkerreflexe gegen die Störung der Routinen, dasselbe Ausweichen ins Mobbing gegen die Träger »unerwünschter Meinungen«, dasselbe Unbehagen an der Wortergreifung der Unberufenen, dieselbe Verwechslung von Verstopfung mit Charakterfestigkeit.

Über soviel eingehauste Dumpfheit kann nur eine genauere Analyse des politischen Systems und seiner Paradoxien hinausführen. Diese würde beginnen mit der Erklärung, warum die moderne repräsentative Demokratie in der Regel außerstande ist, zu bewirken, was den Caesaren noch scheinbar spielend gelang: Diese waren jahrhundertelang imstande, den systemischen Imperativ der postrepublikanischen Bürgerausschaltung mit dem psychopolitischen Imperativ der thymotischen Bürgerbefriedigung zu verbinden. Die Modernen scheitern an dieser Aufgabe, seit ihnen die Ausflucht in die nationale Selbstüberhöhung nicht mehr so leichtfällt wie vor hundert Jahren. Daher stehen ihnen nur zwei Auswege offen, von denen einer ökonomisch ruinös, der andere psychopolitisch unberechenbar ist: die Bürgerausschaltung durch Stillhalteprämien und die Bürgerlähmung durch Resignation. Wie Prämien funktionieren, weiß jeder, der die aktuellen Debatten über den Alimentenstaat beobachtet. Auch wie die Resignation erzielt wird, ist kein Geheimnis. Diese gleicht oberflächlich der Zufriedenheit unter einer guten Regierung. Sie unterscheidet sich von ihr durch die mutlos grollende Stimmung, nach deren Urteil die da oben im Grunde doch alle gleich sind. In solchem Klima können Wahlbeteiligungen, wie in den USA üblich, auf unter 50 Prozent absinken, ohne daß die politische Klasse Grund sähe, sich zu beunruhigen.

Bürgerausschaltung mittels Resignation ist ein Spiel mit dem Feuer, da sie jederzeit in ihr Gegenteil, die offene Empörung und den manifesten Bürgerzorn, umschlagen kann. Hat der Zorn erst einmal sein Thema gefunden, läßt er sich nicht mehr leicht davon ablenken. Für die politische Klasse kommt die Erschwerung hinzu, daß die moderne Bürgerausschaltung sich als »Einbeziehung« des Bürgers präsentieren will. Dessen Entpolitisierung muß mit so viel restlicher Politisierung verbunden bleiben, wie zur Selbstreproduktion des politischen Apparats nötig ist.

In keiner Hinsicht sind die Bürger unserer Hemisphäre so ausgeschaltet wie in ihrer Eigenschaft als Steuerzahler. Es ist dem modernen Staat gelungen, seine Angehörigen im Moment ihrer materiellsten Zuwendung zum Gemeinwesen, im Augenblick ihres Einzahlens in die gemeinsame Kasse, die passivste Rolle aufzudrängen, die er zu vergeben hat: Statt die Geberqualität der Zahlenden hervorzuheben und den Gabe-Charakter von Steuern respektvoll zu betonen, belasten die modernen Fiskalstaaten ihre Steuerzahler mit der entwürdigenden Fiktion, sie hätten bei der öffentlichen Kasse massive Schulden, so hohe Schulden, daß sie dieselben nur in lebenslangen Raten tilgen können. Im Zentrum des modernen Bürgerausschaltungsgeschehens findet man ein psychopolitisch völlig falsch konstruiertes Steuerwesen. Es raubt den steueraktiven Bürgern den Stolz und drängt sie in die Position von ewigen Schuldnern des Leviathans. Je leistungsfähiger sie sich zeigen, desto tiefer stehen sie in der Kreide, je mehr sie zu geben haben, desto mehr sind sie im Minus. Im übrigen werden die Steuerbürger neuerdings nicht nur im Augenblick ihres Einzahlens in die Gemeinschaftskasse zur Passivität verdammt, sie erleiden eine Passivität zweiten Grades, seitdem der Staat sie hinterrücks an die Galeere der öffentlichen Schulden gefesselt hat. Ohne zu begreifen, wie ihnen geschah, sehen sich die Gebenden in eine Schicksalsgemeinschaft neuen Typs verstrickt. Sie bilden ab sofort eine Kollektivschuldgruppe, die morgen und bis zu ihrem letzten Atemzug für das bezahlen wird, was die Bürgerausschalter von heute ihnen aufbürden. Man sage nicht, die heutige Politik habe keine Visionen mehr. Noch gibt es eine Utopie für unser Gemeinwesen: Wenn das Glück auf unserer Seite ist und alle alles tun, was in ihrer Macht steht, gelingt am Ende sogar das Unmögliche, die Staatsbankrottvermeidung. Sie ist von nun an der rote Stern am Abendhimmel der Demokratie.

Unzählige Kommentare haben seit der 2008 aufgebrochenen Finanzkrise die Gefährlichkeit der Spekulation an den Finanzmärkten beschworen. Von der gefährlichsten der Spekulationen war nie die Rede: Die meisten heutigen Staaten spekulieren, durch keine Krise belehrt, auf die Passivität der Bürger. Westliche Regierungen wetten darauf, daß ihre Bürger weiter in die Unterhaltung ausweichen werden; die östlichen wetten auf die unverwüstliche Wirksamkeit offener Repression. Man muß kein Prophet sein, um zu ahnen, in welchem Maß die Zukunft vom Wettbewerb zwischen dem euro-amerikanischen und dem chinesischen Modus der Bürgerausschaltung bestimmt sein wird. Beide Verfahren gehen davon aus, man könne das Aufklärungsgebot der Repräsentation von positivem Bürgerwillen und gutem Bürgerwissen im Regierungshandeln umgehen, indem man weiter mit hoher Bürgerpassivität rechnet. Das ging bisher erstaunlich gut: Sogar nach der mißglückten Kopenhagener Weltklimakonferenz von 2009 widmeten sich die Bürger Europas in jenem fatalen Dezember lieber ihren Weihnachtseinkäufen als der Politik; sie zogen es vor, mit vollen Tüten nach Hause zu kommen, statt ihre mit leeren Händen zurückgekehrten »Vertreter« zumindest symbolisch so zu teeren und zu federn, wie sie es verdient hätten.

Auch ohne divinatorische Begabung kann man wissen: Dergleichen Spekulationen werden früher oder später zerplatzen, weil keine Regierung der Welt im Zeitalter der digitalen Zivilität vor der Empörung ihrer Bürger in Sicherheit ist. Hat der Zorn seine Arbeit erfolgreich getan, entstehen neue Architekturen der politischen Teilhabe. Die Postdemokratie, die vor der Tür steht, wird warten müssen.

Peter Sloterdijk im Suhrkamp Verlag

Der Denker auf der Bühne. Nietzsches Materialismus. es 1353. 190 Seiten

Derrida, ein Ägypter. es 2501. 73 Seiten

Du mußt dein Leben ändern. Über Anthropotechnik. st 4210. 723 Seiten

Eurotaoismus. Zur Kritik der politischen Kinetik. es 1450. 346 Seiten

Falls Europa erwacht. Gedanken zum Programm einer Weltmacht am Ende des Zeitalters ihrer politischen Absence. st 3402. 80 Seiten

Gottes Eifer. Vom Kampf der drei Monotheismen. 218 Seiten. Gebunden

Im Weltinnenraum des Kapitals. Für eine philosophische Theorie der Globalisierung. 416 Seiten. Gebunden. st 3814. 415 Seiten

Im selben Boot. Versuch über die Hyperpolitik. st 2447. 80 Seiten

Kopernikanische Mobilmachung und ptolemäische Abrüstung. Ästhetischer Versuch. es 1375. 126 Seiten

Kritik der zynischen Vernunft. es 1099. 954 Seiten

NF 340/1/11.10

Luftbeben. An den Quellen des Terrors. es 2286. 112 Seiten

Nicht gerettet. Versuche nach Heidegger. 403 Seiten. Gebunden

Regeln für den Menschenpark. Ein Antwortschreiben zu Heideggers Brief über den Humanismus. Sonderdruck edition suhrkamp. 60 Seiten

Scheintod im Denken. Von Philosophie und Wissenschaft als Übung. eu 28. 146 Seiten

Sphären I: Blasen. 644 Seiten. Kartoniert

Sphären II: Globen. 1014 Seiten. Kartoniert

Sphären III: Schäume. Pluralistische Sphärologie. 920 Seiten. Leinen und kartoniert

Sphären I-III. Drei Bände in Kassette. 2578 Seiten. Kartoniert

Tau von den Bermudas. Versuch über das Verlangen nach Neuzeit. Rede zur Eröffnung der Salzburger Festspiele 2001. Sonderdruck edition suhrkamp. 60 Seiten

Theorie der Nachkriegszeiten. Bemerkungen zu den deutsch-französischen Beziehungen seit 1945. Sonderdruck edition suhrkamp. 72 Seiten

Über die Verbesserung der guten Nachricht. Nietzsches fünftes »Evangelium«. Rede zum 100. Todestag von Friedrich Nietzsche, gehalten in Weimar am 25. August 2000. Sonderdruck edition suhrkamp. 70 Seiten

Die Verachtung der Massen. Versuch über Kulturkämpfe in der modernen Gesellschaft. Sonderdruck edition suhrkamp. 96 Seiten

NF 340/2/11.10

Versprechen auf Deutsch. Rede über das eigene Land. es 1631. 82 Seiten

Weltfremdheit. es 1781. 381 Seiten

Der Zauberbaum. Die Entstehung der Psychoanalyse im Jahr 1785. Epischer Versuch zur Philosophie der Psychologie. st 1445. 322 Seiten

Zorn und Zeit. Politisch-philosophischer Versuch. st 3990. 356 Seiten.

Zur Welt kommen – Zur Sprache kommen. Frankfurter Vorlesungen. es 1505. 175 Seiten

Peter Sloterdijk/Hans-Jürgen Heinrichs. Die Sonne und der Tod. Dialogische Untersuchungen. st 3787. 370 Seiten

Peter Sloterdijk als Herausgeber

Peter Sloterdijk. Vor der Jahrtausendwende: Berichte zur Lage der Zukunft. 2 Bände. es 1550. 732 Seiten

Zu Peter Sloterdijk

Peter Sloterdijks »Kritik der zynischen Vernunft«. es 1297. 388 Seiten

NF 340/3/11.10